Vitalität aus dem MIXER

99 KREATIONEN VOLLER ENERGIE

Erwin Mischkin

Schirner Verlag

Dieses Buch enthält Verweise zu Webseiten, auf deren Inhalte der Verlag keinen Einfluss hat. Für diese Inhalte wird seitens des Verlags keine Gewähr übernommen. Für die Inhalte der verlinkten Seiten ist stets der jeweilige Anbieter oder Betreiber der Seiten verantwortlich.

ISBN 978-3-8434-1252-0

Erwin Mischkin:
Vitalität aus dem Mixer
99 Kreationen voller Energie

Umschlag: Anke Müller, Schirner,
unter Verwendung von Bildern von
409170664 (©Anna_Pustynnikova),
286997879 (©Ekaterina Kondratova),
375819829 (©holbox), # 254266333
(©Severga), # 181251572 (©thefoodphotographer), # 403853857 (©Anna Shepulova)
267254033 (©Ana Photo), # 226477546
(©father), # 214948423 (©father),
111706631 (©Reinhold Leitner),
www.shutterstock.com
Layout: Anke Müller, Schirner
Lektorat: Katja Hiller, Schirner
Printed by: Ren Medien GmbH, Germany

www.schirner.com

1. Auflage Oktober 2016

INHALT

Einleitung

»Eure Nahrungsmittel sollen eure Heilmittel sein, und eure Heilmittel sollen eure Nahrungsmittel sein.« Diese Aussage wird auch heute noch – obwohl über 2000 Jahre alt – von gesundheitsbewussten Menschen beherzigt. Sie stammt von Hippokrates von Kos, dem griechischen Arzt, der als Vater der Medizin gilt. Hippokrates erkannte seine Hauptaufgabe als Arzt darin, die Kräfte und die Gesundheit des Körpers unter anderem durch eine günstige Ernährungsweise zu erhalten und zu stärken. Vehement trat er für eine richtige Ernährung ein, weil er in einer falschen Ernährungsweise eine der Hauptursachen für körperliche Disharmonie sah. Wissenschaftler, aber auch Ernährungsexperten streiten sich noch heute darüber, welches die für den Menschen beste Ernährungsform ist und wie diese Aussage von Hippokrates in der heutigen Zeit am sinnvollsten umgesetzt werden kann.

Wie sollte solch eine Ernährung aussehen? Vegetarisch, vollwertig, kohlehydratfrei, vegan, rohköstlich, ayurvedisch?

Einige dieser Formen habe ich ausprobiert und zum Teil jahrelang angewendet. So bin ich seit 20 Jahren Vegetarier und interessiere mich noch länger für eine Ernährungsweise, die energiebringend, genussreich und wohltuend ist. Als Sporttherapeut und Halbprofi im Fußball habe ich immer nach der optimalen Ernährungsform gesucht, die meinen Körper leistungsfähig, vital und geschmeidig hält. Auch das Fasten ist in den vergangenen 30 Jahren ein fester Bestandteil meiner Einstellung für bewusste Ernährung, Vitalisierung und das Streben nach anhaltender Gesundheit gewesen. Und was kann ich Ihnen sagen? Während solch einer Fastenkur war ich davon überrascht, wie wenig Nahrung mein Körper aufzunehmen braucht, um leistungsfähig zu sein oder zu bleiben. Zum Vergleich diente mir meine wöchentliche Tennisstunde mit einem langjährigen Spielpartner. Während ich fastete, war ich so leistungsstark und konzentriert, dass ich immer deutlich gewann. Wohingegen das Spiel sonst – vor und nach dem Fasten – eher ausgeglichen war.

In der Zeit fiel mir auf – und das kann ich auch heute noch bestätigen: Die meisten Menschen essen zu viel. Das hat sicherlich auch den Hintergrund, dass das Falsche gegessen wird. Bekommt aber jede Körperzelle genug Baustoffe in Form von Mineralien, Enzymen, Spurenelementen, Vitaminen etc., ist der Körper gesättigt, ohne dass der Magen komplett gefüllt sein muss.

Pizza, Pasta, Pommes machen satt, haben aber wenig Nährwert!

Unsere Nahrung sollte vor allem Energie enthalten und unseren Körper mit allem versorgen, was er auf physischer und psychischer Ebene benötigt. Eine Nahrung, die die Körperzellen wirklich nährt. Durch eine licht- und energievolle Ernährung werden Ihre körperliche, emotionale und geistige Energie fühlbar gestärkt und Ihr Hunger gestillt, und Sie erfahren auch, dass sich diese Ernährung energetisch positiv auf Körper, Geist und Seele auswirkt.

Vor fünf Jahren lernte ich Grüne Smoothies und die damit verbundene Rohkost- und vegane Ernährung kennen. Dieser Zeitpunkt war für mich die Initialzündung für eine energievolle, lebendige, natürliche Ernährungsweise, die ich bis heute wärmstens empfehlen kann. Sie kennen sicherlich das Gefühl des Verliebtseins. Verliebte Frauen sollen die ganze Welt umarmen können, und Männern wird nachgesagt, sie könnten dann Bäume ausreißen. Stellen Sie sich vor, Ihnen stünde immer diese oder eine ähnlich große Energie in Ihrem Körper zur Verfügung.

Pizza, Pasta, Pommes sind Füllstoffe, sie machen satt; andere industriell hergestellte Lebensmittel ebenso. Seien Sie einmal ehrlich zu sich selbst! Gehen Sie einkaufen, und schauen Sie dann in Ihren Einkaufswagen. Welche der Waren sind wirklich Lebensmittel – und zwar im Sinne des Wortes »lebendig«? Damit meine ich natürliche und unbehandelte Lebensmittel, die viele Biophotonen, Vitalstoffe und Nährstoffe enthalten. Diese sind weder gekocht, vorgekocht noch gebacken. Auch die in Massen industriell hergestellten Waren, die sich als »gesund« rühmen, stehen in der Wertigkeitsskala für nährstoffreiche Nahrung weit unten. Je unnatürlicher die Anbauweise der Rohstoffe und die Herstellung der Waren, desto geringer ist die Wertigkeit für den Körper bzw. die Körperzellen. Der Mensch ist ein lebendes und natürliches Wesen und sollte zu einem möglichst hohen Anteil Substanzen zu sich nehmen, die die Merkmale von Lebendigkeit in sich tragen.

DAUERHAFT MEHR Vitalität

In diesem Buch finden Sie Anregungen und Empfehlungen, mit denen Sie durch eine Anpassung in der Ernährung eine Grundlage schaffen, sich dauerhaft energievoll und vital zu fühlen. Es sind ausschließlich Rezepte, die mit einem Hochleistungsmixer zubereitet werden. Ob Smoothies, Dips oder Desserts – sämtliche Köstlichkeiten sind reich an Ballaststoffen, hochwertigen Proteinen, Vitaminen und Mineralstoffen. Alle sind vegan und rohköstlich, und allesamt sind einfach

und schnell zubereitet. Durch die Aufnahme von verflüssigter, pürierter Nahrung gelingt es unserem Körper leichter, die Nahrung in Energie umzuwandeln. Es wird dann wenig Verdauungsenergie benötigt. Anders ist es bei fester Nahrung, bei der der Verdauungsprozess viel Energie braucht. Allgemein bekannt ist in diesem Zusammenhang die Müdigkeit, die nach einer opulenten Mahlzeit eintritt.

Weg von Dogmen und Verboten hin zu Intuition und Genuss

Lassen Sie sich inspirieren, und finden Sie zu Ihrer eigenen Ernährungsweise. Spielen Sie mit Ihren Essgewohnheiten und -zeiten. Schon früh wird unser Körper dazu erzogen, dass nur zu bestimmten Zeiten Nahrung aufgenommen wird, und so haben wir verlernt, intuitiv zu essen. Mein Sohn hatte morgens selten Hunger, bevor er zur Schule ging. Später bestanden wir als Eltern darauf, dass er vor der Schule etwas zu sich nahm. Danach durfte er erst zur Pause um 9:30 Uhr und dann erst wieder um 11:30 Uhr etwas essen. Wenn er nach Hause kam, stand das Mittagessen auf dem Tisch, und auch das Abendessen war meist auf 18 Uhr festgelegt.

Diese oder ähnliche feste Essenszeiten kennt sicherlich ein jeder von uns. Ich frage Sie: Wie soll sich ein natürliches Hungergefühl entwickeln, wenn die Nahrungsaufnahme schon in frühen Jahren so streng vorgegeben ist? Ein Baby schreit, wenn es Hunger hat. Ganz natürlich. Sollten wir uns nicht auch wieder darin üben, intuitiv zu essen, um zu unterscheiden, ob wir

Hunger haben oder nur Appetit? Hier empfehle ich, ein Glas Wasser zu trinken, bevor man sich etwas in den Mund stopft. Wenn man nach 10 Minuten immer noch Hunger verspürt, weiß man, jetzt ist es der Zeitpunkt, etwas zu essen.

Richtiger Hunger ist uns wohl im westlichen Kulturkreis unbekannt. Oft essen wir, wenn sich ein Gefühl von Appetit bemerkbar macht. Doch es ist erstrebenswert, dem manchmal zu widerstehen, damit man weniger isst. Oder was meinen Sie? Oftmals kommt es vor, dass ich für 14–16 Stunden keine Nahrung zu mir nehme. Das hört sich vielleicht lange an, aber wenn ich z. B. von nachmittags 16 Uhr bis zum nächsten Morgen 8 Uhr nichts esse, ergibt sich durch das Schlafen dieser Zeitraum des Nahrungsverzichts. Wer die Möglichkeit hat, seinen Tagesablauf einigermaßen selbst zu gestalten, der ist eingeladen, diesen Versuch einmal durchzuführen. Nun werden einige sagen, dass ihnen das Einschlafen schwerfällt, wenn sie hungrig sind. Das kann sein, aber auch da hilft ein Glas Wasser – oder auch zwei. Neben dem Effekt, insgesamt weniger zu essen, ist solch ein Tag für den Verdauungstrakt ein Jubeltag, weil er lange Zeit wenig zu tun hat und sich regenerieren kann.

Brot, Semmeln und Müsli zum Frühstück

Auch die Essgewohnheiten selbst gehören unter die Lupe genommen. Essen Sie abwechselungsreich und vielseitig. Bleiben Sie flexibel in der Zusammensetzung Ihrer Mahlzeiten. In der Fünf-Elemente-Küche habe ich gelernt, zum Frühstück eine Basensuppe, die sogenannte Druiden-Powersuppe, zu es-

sen. Einige Jahre lang war diese mein morgendlicher Genussstart in den Tag. Was für mich vorher undenkbar war, zeigte sich hier als willkommene und stärkende Abwechslung, nach Jahrzehnten eines Frühstücks mit Semmeln, Brot oder Müsli.

Bei einem meiner Vorträge über Grüne Smoothies fragte mich ein älterer Herr, nachdem ich erzählt hatte, dass ich im Normalfall 1–1,5 l Grüne Smoothies trinke, ob ich das jeden Morgen täte. Das konnte ich bestätigen. Meine Frage an ihn, nachdem er mir sein Alter mit 68 Jahre beziffert hatte: »Haben Sie schon mal darüber nachgedacht, dass Sie schon mindestens 60 Jahre Ihres Lebens jeden Morgen Brot oder Semmeln essen?« Seine Antwort war: »Ja, aber woher wissen Sie das?« – »Weil das fast jeder Mensch tut, ohne darüber nachzudenken, ob das gut ist«, war meine Antwort.

Ein Frühstück mit Brötchen und Brot zelebrieren wohl die meisten Menschen in Deutschland. Inzwischen ist aber durch Bücher wie »Weizenwampe. Warum Weizen dick und krank macht« von Dr. med. Davis William oder »Dumm wie Brot. Wie Weizen schleichend Ihr Gehirn zerstört« von Dr. David Perlmutter und Kristin Loberg bekannt, dass Brot und Brötchen zumindest in der herkömmlichen Form für den menschlichen Körper große Herausforderungen darstellen. Ich kann Ihnen die genannten Bücher sehr empfehlen. Mir ist es hier nur wichtig, Anregungen und Anstöße zum Nachdenken zu geben und Sie einzuladen, Ihre Essgewohnheiten genauer anzuschauen.

Der Einfluss der Nahrung auf den Menschen

Das Bewusstsein drängt uns Menschen nach Erweiterung und Fortschritt, und auch das Leben selbst ist immer in Bewegung. Im Universum – wir sind Teil dessen und mittendrin – gibt es keinen Stillstand. Der menschliche Körper besteht aus 100 Billionen Zellen. Jede Sekunde sterben etwa 50 Millionen davon, werden aber gleichzeitig durch neue ersetzt. Was glauben Sie, wie diese neuen Körperzellen sich freuen und Ihnen in absoluter Harmonie und Power dienen, wenn Sie ihnen wirklich lebendige Nahrung zuführen.

Ihr System wird diese lebendige Schwingung aufnehmen und als Information an alle Zellen weitergeben. Und das geschieht jede Sekunde. Welch ein Segen!

So wird durch das, was wir unserem Körper zuführen, auch unser Bewusstsein zum Teil gestaltet. Das ist beim Hören, Sehen, Fühlen, Reden, Denken, Riechen so, und natürlich auch beim Essen. Du bist, was du isst – Wahrheit oder nur ein gern zitierter Spruch. Letztlich entscheidet dies ein jeder für sich selbst. Der Mensch ist ein Spiegelbild der Nahrung, die er zu sich nimmt. So wirkt sich die Schwingung der Nahrung, die dem Körper zugeführt wird, auf das Zellbewusstsein aus. Hat Ihre Nahrung eine lebendige Schwingung, hat das andere Auswirkungen, als wenn Sie Gekochtes zu sich nehmen. Zu diesem Thema kann ich Ihnen die Bücher »Der Fluch des Kochens von Michael Jaksch« sowie »Die unsichtbare Kraft in Lebensmitteln« von A. W. Dänzer, das auch Kristallisationsbilder aus der Forschung enthält, empfehlen.

Einmal darüber nachzudenken und eine solche Aussage in sich wirken zu lassen, dient immer wieder der Reflexion des eigenen SEINS. Die Ernährung ist allerdings nur eine von drei Komponenten, die der Bewusstseinserweiterung dienen. Körper, Geist und Seele bilden eine Trinität und gehören zusammen, sie bilden die Grundlage der ganzheitlichen Lebensweise.

Lebensmittel statt Füllstoffe für den Körper

Ich bin dafür dankbar, über Grüne Smoothies zu veganer Ernährung und Rohkost geführt worden zu sein. Lebendige und natürliche Nahrung bildet dabei den Mittelpunkt. Nicht nur für die Smoothies sollten Sie immer zu Zutaten in Bioqualität greifen. Selbstverständlich ist nur frisches und reifes Obst und Gemüse empfehlenswert.

Grüne Smoothie sind Energiegetränke, die Ihnen zusätzlich zum Genuss eine imponierende Menge an Power schenken. Eine Grundlage dafür ist, dass Sie gefiltertes und energetisiertes Wasser für die Zubereitung einsetzen. Dies gilt natürlich nicht nur für die Smoothies. Der menschliche Körper besteht zu 75–90 % aus Wasser. Da ist das Trinken von sauberem, strukturiertem und energetisiertem Wasser auch als Transportmittel für Vitalstoffe im Körper unumgänglich.

Was gutes Wasser ist, darüber debattieren selbst die Experten, und es gibt eine Vielzahl von Angeboten zur Wasseraufbereitung oder von Flaschenwasser. Allgemein bekannt ist, dass Wasser eine hohe Informationsaufnahme- und Speicher-

kapazität hat, was der bekannte japanische Wasserforscher Masaru Emoto in seiner Arbeit bewiesen hat.

Trinken Sie nun Flaschenwasser, hat das Wasser in der Flasche viele Informationen aufgenommen, die Sie mittrinken. Außerdem ist der Energieaufwand immens hoch, bis ein Schluck aus der Flasche von der Quelle bis in Ihren Mund gelangt. Leitungswasser wiederum ist unter anderem durch Schwermetalle, Arzneimittelrückstände oder Chlor belastet. Um diese herauszufiltern, gibt es eine Vielzahl von Systemen, die im Preis und in der Handhabung sehr unterschiedlich sind. Einige Anlagen sind recht teuer, amortisieren sich aber schnell. Meine Empfehlungen finden Sie im Anhang.

Blattgrün – gespeichertes Sonnenlicht

Chlorophyll ist der wichtigste Bestandteil der Grünen Smoothies. Forschern ist es inzwischen zwar gelungen, ein künstlich erzeugtes Chlorophyll herzustellen, aber die natürliche Zusammensetzung ist weiterhin ein Geheimnis der Natur. Dieses Geheimnis ist auch in Wildkräutern verborgen. Wildkräuter haben mich gelehrt, mich wieder verstärkt der Dankbarkeit und der Achtung gegenüber der Natur zu öffnen. Mit den Augen und dem Herzen zu sehen. Beim Pflücken den Kontakt mit den Pflanzen aufzunehmen und die Einzigartigkeit und Vielseitigkeit zu erkennen, das ist eine Erfahrung, der ein Zauber innewohnt, der sich bei der Verbindung mit unserem natürlichen Bewusstsein öffnet. Eine Erinnerung vollzieht sich, dass auch wir einzigartige, individuelle Wesen sind aus der Herrlichkeit der Schöpfung.

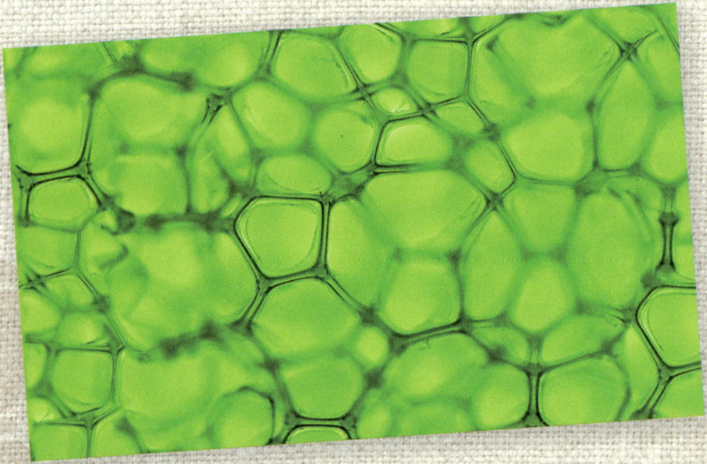

Das Linus-Pauling-Institut hat herausgefunden, dass Chlorophyll zehnmal wirksamer bei der Krebsbehandlung ist als eine Chemotherapie. Viele Sanatorien in den USA verwenden diese Unterstützung bei den Behandlungen.[1]

Der grüne Pflanzenfarbstoff ist ein wahres Wundermittel. Die größten Säugetiere an Land machen es uns vor: Ob Elefanten, Giraffen, Nashörner, Pferde, Kühe, alle ernähren sich von Grünzeug und sind dazu noch riesige Geschöpfe. Unterlässt es der Mensch, in die Nahrungskette der Tiere einzugreifen, bleiben diese immer gesund. Da sollte das im Blattgrün gespeicherte Sonnenlicht doch auch uns Menschen auf eine Art und Weise dienen können, die uns guttut. Viele namhafte Physiker und andere Wissenschaftler, darunter auch der bekannte Physiker Albert Popp, verwenden für dieses Licht auch die Bezeichnung Biophotonen. Inzwischen gibt es auch in der modernen Technik Methoden, diese Energie zu messen. Je frischer das Blattgrün ist, desto mehr Energie enthält es. Nehmen wir die Blätter der Pflanzen zu uns, so verabreichen wir uns automatisch eine Portion Sonnenlicht. Ohne Licht kein Leben. So wird geballte Lebensenergie in die Zellen eingebracht, und die Zellen werden zur Vermehrung angeregt. Gorillas und Schimpansen »tun« es auch – Blattgrün futtern. Dies ist insofern bemerkenswert, als dass die Menschenaffen zu 99 % die gleiche Gensequenz wie wir Menschen haben und

1 Das Onlineportal »Zentrum der Gesundheit« geht auf diese Thematik näher ein. Bei Interesse können Sie sich auf den folgenden Internetseiten informieren: http://lpi.oregonstate.edu/mic/dietary-factors/phytochemicals/chlorophyll-chlorophyllin sowie https://www.zentrum-der-gesundheit.de/chlorophyllin-ia.html.

ihr Stoffwechsel auch zu 95 % mit unserem identisch ist. Mindestens die Hälfte ihres Futters besteht aus grünen Blättern.

Mit einem kleinen Vergleich möchte ich Ihnen den Mehrwert von Pflanzengrün erläutern. In der Tabelle, übernommen aus dem Buch »Green for Life« von Victoria Boutenko[2], finden Sie die Angaben von Vitaminen und Mineralstoffen von Rote Bete, einmal vom Blattgrün, einmal von der Knolle.

	Blätter	Knolle
Vitamine		
Vitamin C (mg)	30	4,9
Vitamin B 2 (mg)	0,22	0,04
Folsäure (mikro g)	15	109
Vitamin A (iE)	6326	33
Vitamin E (mg)	1,50	0,04
Vitamin K (mg)	400	0,20
Spurenelemente		
Eisen (mg)	2,57	0,80
Kupfer (mg)	0,19	0,08
Selen (mikro g)	0,90	0,70
Mineralstoffe		
Kalzium (mg)	117	16
Magnesium (mg)	70	23
Kalium (mg)	762	325
Natrium (mg)	226	78

2 Victoria Boutenko: Green for Life. Grüne Smoothies nach der Boutenko-Methode. Hans-Nietsch-Verlag 2009. ISBN 978-3-939570-43-1.

Die Nährstoffdichte beim Pflanzengrün ist wesentlich höher als bei der Knolle. Das liegt einzig daran, dass das Blatt sich der Sonne entgegenstreckt und ihre Strahlung aufnimmt. Die Knolle hingegen befindet sich in der Erde und nimmt dort die Nährstoffe aus dem Boden auf.

Alles, was Sie um den Finger wickeln können, gehört zum Blattgrün

Grüne Smoothies bestehen z.B. aus Salat, Spinat, Mangold, Grünkohl, Petersilie etc. oder aus Wildkräutern wie z.B. Giersch, Löwenzahn, Brennnessel, Günsel. Auch Blätter von Bäumen sind eine Delikatesse, nicht nur als Smoothies, sondern auch als Zutaten für Dips oder Suppen. Insbesondere im Frühling kurz nach dem Ausbrechen. Sicherlich haben Sie gleich dieses zarte Grün der Buchenblätter vor Augen, wenn Sie diese Zeilen lesen. Eine Besonderheit. An Linden können Sie sich das ganze Jahr bedienen, Lindenblätter bleiben immer recht zart. Alle anderen Blätter von Bäumen entwickeln im Vollwachstum viel Zellulose und einen intensiven Geschmack, der uns beim Mixen und auch beim Trinken vor neue Herausforderungen stellt. Aber probieren Sie selbst!

Wildkräuter – ein Geschenk der Natur

Insbesondere Wildkräuter unterstützen unseren Körper bei der Entgiftung und Entschlackung – eine natürliche Reinigung findet statt. Die grüne Kraft hilft bei der Balancierung des Körpergewichts und unterstützt die innere Ausgeglichenheit und geistige Klarheit. Außerdem wirken Wildkräuter positiv auf den Säure-Basen-Haushalt im Körper. Genießen Sie diese lebendige Kraft der Natur als vitalstoffreiche Nahrung für einen gesunden Körper und einen klaren Geist.

Unsere heimischen Wildkräuter sind so wertvoll, und eine Vielzahl von ihnen wartet in Garten, Wiesen und Wald darauf, gepflückt und verzehrt zu werden.

MEINE NEUN LIEBLINGSWILDKRÄUTER SIND:

BRENNNESSEL | Brennnesseln wachsen dort, wo sie nährstoffreichen Boden vorfinden. Sie gelten als Königin der Wildpflanzen und stecken voller Mineralien und Spurenelemente. Genutzt werden das Kraut und die Samen. Durch das feine Zerkleinern verliert die Brennnessel ihre »brennende« Wirkung.

LÖWENZAHN | Alle Teile der Pflanze sind essbar, also die Blätter, die Blüten und die Wurzel. Löwenzahn enthält eine hohe Konzentration an Bitterstoffen, die sehr positiv auf den Stoffwechsel wirken. Auch Enzyme und Mineralstoffe machen dieses Wildkraut so wertvoll.

GIERSCH | Er gilt als der größte Feind jedes Hobbygärtners und ist der Freund von Smoothieliebhabern. Giersch, der wegen seiner Form auch Geißfuß genannt wird, breitet sich oft teppichartig im Garten aus. Er enthält viel Vitamin C und Substanzen, die gelenkschützend wirken, und bewirkt z. B. bei Arthrose Wunder.

GÜNSEL | Günsel ist auf Wiesen und Weiden zu Hause. Die Blüten und Blätter sind essbar und enthalten viele Bitterstoffe, die sich förderlich auf die Verdauung wirken. Auch bei Entzündungen im Rachenraum kann dieses Wildkraut hilfreich sein.

GUNDERMANN | Wegen der Gerb- und Bitterstoffe ist Gundermann bei Durchfall, Appetitlosigkeit und Magenverstimmung beliebt. Für die Heilkundlerin Hildegard von Bingen war es das Heilkraut schlechthin.

FRAUENMANTEL | Frauenmantel wird häufig in der Frauenheilkunde verwendet, da die Inhaltsstoffe positiv auf den weiblichen Körper wirken.

SCHAFGARBE | Schafgarbe ist als ganze Pflanze essbar und zeichnet sich durch einen hohen Gehalt an Bitterstoffen aus. Ähnlich wie Kamille gilt Schafgarbe als Allheilmittel und wird bei psychovegetativen Schmerzzuständen und zur Krampflösung eingesetzt.

SPITZWEGERICH | Spitzwegerich kann, regelmäßig verzehrt, schwaches Bindegewebe stärken. Wie sein Bruder der Breitwegerich enthält auch Spitzwegerich viele antimikrobioelle Substanzen.

VOGELMIERE | Vogelmiere wächst das ganze Jahr, auch im Winter und unter Schnee. Dieses Wildkraut ist bei vielen Wehwehchen einsetzbar. Es reinigt und kräftigt den ganzen Organismus und hat eine kühlende, entzündungshemmende, verdauungsfördernde und leicht abführende Wirkung.

Diese neun Wildkräuter sind nur ein Auszug aus der immensen Vielfalt, die uns die Natur zur Verfügung stellt. Wenn Sie sich unsicher in der Handhabung der Kräuter fühlen, empfehle ich Ihnen, an einer Wildkräuterwanderung teilzunehmen, die sicherlich auch in Ihrer Nähe angeboten wird. Außerdem gibt es eine Vielzahl guter Bücher und inzwischen auch Apps, mit denen Sie Wildkräuter selbst bestimmen können.

Der eigene Garten ist auch eine Quelle für köstliche Wildkräuter, nur ist hier die Vielfalt eingeschränkt. Löwenzahn, Spitz- und Breitwegerich, Gänseblümchen und Giersch geben sich auch hier ein Stelldichein. Der Überlieferung nach heißt es, dass der Gartenbesitzer und die Kräuter eine Symbiose eingehen. Demnach verbreiten sich dort nur jene Wildkräuter, deren Substanzen der Gärtner gerade in seinem Körper braucht.

Wildkräuter ziehen sich im Winter – wie die gesamte Natur – zurück. Vogelmiere und Brombeerblätter gibt es auch bei Schnee und Eis. Andere Kräuter wachsen zwar auch spärlich weiter, enthalten im Winter aber wenig Vitalstoffe. Grünkohl kann dann ein guter Ersatz sein. Seien Sie jedoch achtsam mit der Dosierung. Bei übermäßigem Verzehr kann der Kohl zu unangenehmen Begleiterscheinungen in Magen und Darm führen. Ausprobieren sollten Sie es in jedem Fall. Salate haben in der Ruhezeit wenig Chlorophyll in den Blättern, da sich die Sonne im Winter rarmacht. Trotzdem ist auch im Winter Smoothie-Zeit, denn mit Ingwer, Zimt, Chili und Kurkuma sind Smoothies schnell in von innen wärmende Mahlzeiten verwandelt. Um Smoothies mit Chlorophyll aufzuwerten, empfehle ich Spirulina- und Chlorellapulver sowie Moringa- oder andere Pulver mit einem hohen Chlorophyllgehalt. Auf diese Weise füllt man auch im Winter seinen Nährstoffspeicher im Körper auf.

WARUM mixen?

Grüne Smoothies, aber auch alle anderen vitalisierenden Kreationen, die Sie in diesem Buch finden werden, sind schnell und einfach mit einem Hochleistungsmixer zubereitet. Dieser spaltet bei hoher Drehzahl die in den Pflanzenzellen gebundene Energie auf, und durch diese Mikrozerkleinerung der Zellulose kann der Körper die Vitalstoffe sehr leicht aufnehmen. Nun werden Sie sich fragen, wozu denn ein Mixer notwendig ist, wenn wir doch Zähne zum Kauen haben, mit denen wir die wertvollen Nährstoffe und das Chlorophyll aufspalten. Und Tiere haben doch auch keinen Mixer auf dem Rücken geschnallt. Grundsätzlich gebe ich Ihnen recht, aber wenn wir grüne Blätter oder Wildkräuter essen, nehmen wir über den normalen Verdauungsweg nur einen Bruchteil der darin enthaltenen Vitalstoffe auf. Das liegt auch an der zu geringen Konzentration der Salzsäure im Magensaft, was bei fast jedem Menschen der Fall ist. Die Salzsäure ist dafür verantwortlich, die Zellulose aufzuschließen, damit die wichtigen Nährstoffe vom Körper aufgenommen werden können. Ist ihre Konzentration zu niedrig, entstehen Blähungen und auch andere gesundheitliche Probleme.

Industrielle und schwer verdauliche Nahrung, sowie eine zu geringer Kautätigkeit lassen die Konzentration an Salzsäure im Magensaft im Laufe der Jahre abnehmen. Sie können ganz einfach testen, ob die Konzentration in Ihrem Magen-

saft ausreicht. Trinken Sie Rote-Bete-Saft, oder essen Sie eine Knolle. Wenn sich Urin und Stuhl verfärben, ist Ihre Magensäure zu schwach. Ist sie stark genug, wird der rote Farbstoff gänzlich vom Körper aufgenommen.

Wenn Sie jeden Bissen beim Essen so lange (bis zu 40 Mal) kauen, bis ein cremig-flüssiger Brei entsteht, haben Sie bereits vorverdaut. Auch beim Smoothietrinken sollten Sie den Schluck im Mund bewegen, damit durch die Enzyme im Speichel der Verdauungsvorgang schon im Mund in Gang gesetzt wird.

Haushaltsmixer versus Hochleistungsmixer

In einem Küchenmixer lassen sich alle Obstsmoothies und auch andere Köstlichkeiten zubereiten. Bei Obst mit festen Fasern, wie z. B. Ananas, und bei blättrigem Grün stoßen die gängigen Mixer an ihre Grenzen. Die Zutaten müssen dann sehr lange gemixt werden, bis man einen Smoothie erhält. Übliche Haushaltsmixer haben zumeist eine Leistung von 500–700 Watt und rotieren mit 5000–10.000 Umdrehungen pro Minute. Auch dem Küchenwunder Thermomix fehlt mit seinen 12.000 U/Min einiges an Drehzahl und Power, um bei kurzer Mixzeit ein zufriedenstellendes Ergebnis zu erzeugen.

Wichtig ist nämlich die kurze Mixzeit. Sie garantiert weniger Sauerstoffzufuhr und zugleich eine geringe Oxidation der Inhaltsstoffe. Grüne Smoothies beispielsweise sollten nur zwischen 30 und 50 Sekunden gemixt werden, sonst gehen zu viele Vitalstoffe verloren. Auch Chlorophyll wird durch eine längere Mixzeit stark reduziert, denn es ist luft-, licht- und wärmeempfindlich.

Für mich ist eine ungeschälte Zitrone ein Gradmesser. Wenn sich beim Trinken keinerlei Zitronenstückchen mehr im Getränk finden lassen, ist die Mixzeit ausreichend lang gewesen. Hier wiederhole ich mich gern: Bitte mixen Sie nicht länger als 50 Sekunden.

Diese Anforderungen erfüllt ein Hochleistungsmixer. Hier empfehle ich, auf eine Umdrehungszahl von mindestens 30.000

U/Min und einer Leistung von mindestens 1500 Watt zu achten. Ein Mixer dieser Art ist der »VE Mix Classic«, mit bis zu 33.000 U/Min und 1800 Watt (der zudem noch einige Besonderheiten bietet).

Bei allen Überlegungen, ob Sie in einen Hochleistungsmixer investieren wollen, sollten Sie sich überlegen, für welche Zwecke Sie diesen Mixer einsetzen wollen. Zu Beginn reicht auch für Grüne Smoothies oft ein Haushaltsmixer. Auf Dauer, besonders wenn Sie Suppen, Dips, Desserts oder Nussmuse herstellen wollen, lohnt sich die Investition in einen Hochleistungsmixer. Mit seiner Power mixt er in Sekundenschnelle alles klein und fein.

Eine kostengünstigere Alternative ist der »VE Mix Jet«, mit 20.000 U/Min und 1000 Watt Leistung. Dieser ist für Grüne Smoothies nur bedingt geeignet, eben wegen seiner geringeren Umdrehungszahl und Leistungskraft. Als Einsteigermodell kann ich ihn Ihnen empfehlen, er hat zudem den Vorteil, dass Sie wunderbar kleinere Mengen zubereiten können.

Grüne SMOOTHIES

Über Grüne Smoothies ist schon viel geschrieben worden, deshalb möchte ich Ihnen nur einen kurzen Überblick und einen Eindruck zu diesem Wundertrank vermitteln. Was ist das Geheimnis der Grünen Smoothies, die inzwischen eine große Anzahl von Anhängern entzücken? Der Gesundheitswert ist ein wichtiger Grund. Aber Grüne Smoothies schmecken auch gut, sind schnell und einfach zubereitet, ersetzen eine Hauptmahlzeit und beinhalten eine natürliche Energiefülle. Dieser

Wundertrank enthält viele Ballaststoffe, die die Verdauung anregen, und die hohe Vitalstoffdichte in Verbindung mit wenigen Kalorien machen Grüne Smoothies zum idealen Getränk, wenn man abnehmen will. Der Kalorienbedarf sinkt, weil der Appetit gezügelt wird, und die ungesunden Dickmacher treten in den Hintergrund des Verlangens. Die essenziellen Aminosäuren und ungesättigten Fettsäuren im Grünen Smoothie sind für Sport eine perfekte Ergänzung auch für den Muskelaufbau, und die hohe Konzentration an sekundären Pflanzenstoffen, Mineralien und Spurenelementen sorgt für geistige Frische und steigert die Lern- und Leistungsfähigkeit. Die Enzyme und Antioxidantien neutralisieren im Verbund freie Radikale und sorgen dafür, dass wir uns bei regelmäßigem Verzehr jung und fit fühlen.

Grüne Smoothies geben Energie und verbrauchen keine Verdauungsenergie

Grüne Smoothies als erste Mahlzeit zum Frühstück sind seit fünf Jahren fast jeden Morgen ein Tagesereignis für mich. Die Grundlage an täglich benötigten Vitalstoffen nehme ich mit einem Smoothie auf, und innerhalb kurzer Zeit werden meine Körperzellen mit Energie versorgt. Wenn das Essen aus fester Nahrung wie Brot und Brötchen mit Belag oder Müsli besteht, brauchen die Verdauungsorgane erst einmal Energie. Der gesamte Körperenergiehaushalt wird derart verändert, dass nach einem opulenten Frühstück Müdigkeit eintritt. Ein unnatürlicher Kreislauf ist in Gang gesetzt und wird oft durch einen ungesunden Kaffee zu durchbrechen versucht.

Machen Sie eine kleine Zeremonie aus dem Trinken des Smoothies. Nehmen Sie sich die Zeit, und genießen Sie ihn Schluck für Schluck. Setzen Sie sich gemütlich hin, und hören Sie entspannende Musik dazu. Ihr Körper wird es Ihnen auf Dauer mit blühender Gesundheit danken, wenn Sie den Tag in einer solchen Atmosphäre und mit viel Muße beginnen. Natürlich ist das kein Allheilmittel, aber Sie schaffen die Voraussetzung für einen vitalen und fitten Körper.

Grünes Blattgemüse, Wildkräuter, Obst und anderes Gemüse sind Grundlage dieses Powergetränks

Grüne Smoothies sollten zu ⅓ aus grünem Blattgemüse oder Wildkräutern, zu ⅓ aus Obst und zu ⅓ aus gutem, sauberem und lebendigem Wasser bestehen. Halten Sie sich aber nicht starr an diese Empfehlung. Das Wichtigste ist, dass Ihnen das Getränk schmeckt. Die Freude auf den nächsten Smoothie sollte beim Genuss bereits anklopfen. Zwingen Sie sich nicht, Mischungen zu trinken, die Ihnen nicht schmecken. Aufgrund der Bitterstoffe im Grün und des Fruchtzuckers im Obst kommt es zu neuen Geschmackskompositionen, an die Sie sich erst gewöhnen müssen. Am besten starten Sie zuerst mit etwas mehr Obst. Aus eigener Erfahrung kann ich Ihnen bestätigen, dass sich der Wunsch nach mehr Grün und weniger Obst nach einigen Wochen automatisch meldet, wenn der Körper die Bitterstoffe des Grüns integriert hat. Wählen Sie die Zusammen-

TIPPS ZUM SÜSSEN

- *Steviapulver: ein leichter Eigengeschmack; süßt aber sehr effektiv, da nur sehr wenig benötigt wird, z. B. ½ TL auf 1 l Smoothie*
- *Xylitol (Birkenzucker): sieht aus wie raffinierter Zucker, ist aber gesund*
- *Kokosblütenzucker: recht teuer und nicht so süß wie andere Süßungsmittel*
- *Kokosblütensirup: wie Kokosblütenzucker, nur flüssig*
- *Apfeldicksaft: heimisches Produkt*
- *Agavendicksaft: sehr süß*
- *Reissirup: erhöht nicht den Glykämischen Index, daher für Diabetiker geeignet; preiswert*
- *Zuckerrohrzucker: enthält viele Mineralien; nicht so süß wie andere Süßungsmittel*
- *Datteln, Rosinen, Feigen: Am effektivsten ist es, wenn die Trockenfrüchte vor der Verwendung eingeweicht werden. Dadurch entfalten sie noch mehr ihre Süße und ihren Geschmack und sind leichter zu verarbeiten.*

setzung nach Ihrem Geschmack aus, oder orientieren Sie sich an den Rezepten. Süßen Sie nach Ihrem Gusto.

Je weniger Zutaten zum Blattgrün dazukommen, desto besser kann das Chlorophyll von Ihren Zellen aufgenommen werden. Versuchen Sie auch einmal, nur Blattgrün mit Wasser zu mixen. Auf diese Weise erhalten Sie eine hohe Konzentration an Chlorophyll, die wunderbar und schnell von den Körperzellen aufgenommen werden kann. Diese werden es Ihnen danken. Der Nachteil: Es schmeckt sehr herausfordernd. Ich bevorzuge etwas Süße und mehr Geschmack durch Obst.

Beginnen Sie JETZT! Einige Menschen haben Bedenken, wenn sie beginnen, Smoothies zu trinken, dass sie ihre gesamten Ernährungsgewohnheiten verändern müssen. Ich kann Sie hier aber beruhigen. Fügen Sie Ihrem Ernährungsplan lediglich Grüne Smoothies hinzu, und warten Sie ab, was passiert. Gestalten Sie das ganz intuitiv und nach Ihrem Geschmack.

Grüne Smoothies sollten im Idealfall frisch getrunken werden. Sie können sie dunkel und kühl bis zu drei Tagen aufbewahren, aber danach beginnen sie zu gären. Bedenken Sie, dass sich der Geschmack und auch die Konsistenz verändern. Je länger Sie Smoothies aufbewahren, desto mehr Vitalstoffe und Chlorophyll gehen verloren, denn diese sind licht-, wärme- und luftempfindlich.

TIPPS ZUM VERÄNDERN DER KONSISTENZ

- *Aloe vera: intensiver Geschmack, Geben Sie das Gel in den Smoothie, mit der Schale des Blattes reiben Sie Ihre Haut ein.*
- *Avocado: kaum Eigengeschmack; sehr sättigend*
- *Mango: färbt stark und gibt Süße; hat viele Enzyme*
- *Chiasamen: kaum Eigengeschmack; sehr gesund und ergiebig*
- *Leinsamen: starker Eigengeschmack; am besten geschrotet verwenden*
- *Getrocknete Gojibeeren: sehr nährstoffreich; recht teuer; färben stark*
- *Getrocknete Feigen: sehr süß*

Die Konsistenz eines Smoothies ist manchmal auch entscheidend, ob Ihnen der Smoothie mundet oder eben nicht. Der eine mag es gern flüssiger, der andere sehr cremig. Und ein Dritter zieht breiige Smoothies vor. Da hilft es, auszuprobieren, welche Konsistenz für Sie die beste ist. Ein entscheidender Faktor ist natürlich der Zusatz an Flüssigkeit. Ob Wasser, Saft oder anderes, die Menge beeinflusst die Konsistenz. Ebenso machen einige Zutaten den Smoothie cremig bis breiig. Nutzen Sie zum Einweichen von Nüssen, Samen und Trockenfrüchten immer nur so viel Wasser, dass die Früchte bedeckt sind.

SUPPEN

Diese Suppen sind ausschließlich Rohkostsuppen. Sie werden so lange im Mixer verarbeitet, bis der Inhalt am Becherrand fühlbar warm ist. Sie können auch warmes Wasser statt kaltem hinzufügen, dann verkürzt sich die Mixzeit. Grundsätzlich sollte die Temperatur der Suppe 42°Celsius nicht überschreiten, denn bei höheren Temperaturen werden viele Vitalstoffe, vor allem Enzyme, zerstört. Tamari, Ume Su, Sojasoße und Zitrone setzen einen Fermentierungsprozess in Gang, der die rohe Suppe leichter bekömmlich macht.
Zu Beginn des Mixvorgangs sollten Sie den Mixer auf halber Geschwindigkeit laufen lassen und den Stößel verwenden. Wenn die groben Stücke klein sind, dürfen Sie auf höchster Stufe mixen.

KÜRBIS-ORANGEN-SUPPE

150 g Hokkaidokürbis ~ 1 Orange
80 g Cashewkerne ~ 1 EL Kokosöl
2 EL Ume Su ~ 1 EL Tamari
450 ml Wasser

Cashewkerne mindestens 2 Stunden in Wasser einweichen lassen, dann abgießen. Kürbis in mundgerechte Stücke schneiden. Orange schälen und halbieren. Alle Zutaten in den Mixer geben und fein pürieren.

BROKKOLICREMESUPPE

200 g Brokkoli
100 g Cashewkerne
1 EL Apfelessig
2 EL Tamari
4 getrocknete entkernte Datteln
1 TL Brühe
700 ml Wasser

Cashewkerne und Datteln mindestens 2 Stunden in Wasser einweichen lassen, dann abgießen. Alle Zutaten in den Mixer geben und ca. 4 Minuten mixen.

CREMIGE TOMATENSUPPE

3 reife Tomaten — 60 g Cashewkerne
1 kleine Schalotte — 1 kleine Knoblauchzehe
7 Blättchen Basilikum — 1 EL Tamari
Salz und schwarzer Pfeffer nach Geschmack
500 ml Wasser

Cashewkerne mindestens 2 Stunden in Wasser einweichen lassen, dann abgießen. Schalotte und Knoblauch schälen. Alle Zutaten in den Mixer geben, ca. 4 Minuten mixen und abschmecken.

SPARGEL-MANDEL-SUPPE

300 g weißer Spargel ~ 60 g Mandeln
1 Banane ~ ½ Zitrone mit Schale
Salz und weißer Pfeffer nach Geschmack
500 ml Wasser

Mandeln ca. 3 Stunden einweichen lassen, dann abgießen und Mandeln enthäuten. Spargel und Banane schälen. Alle Zutaten in den Mixer geben und pürieren. Spargel-Mandel-Suppe ganz einfach mit etwas Kresse dekorieren.

SPINAT-AVOCADO-SUPPE

**1 Handvoll Gundermann ~ 100 g Spinat
1 Avocado ~ 1 gelbe Paprika ~ ½ Gurke
300 ml Wasser ~ Halit, Muskatnuss und
Paprikapulver nach Geschmack**

Avocado halbieren und das Fruchtfleisch herauslöffeln. Alle Zutaten im Mixer auf höchster Geschwindigkeit pürieren. Suppe mit den Gewürzen abschmecken.

TIPP: *Im Sommer ist diese Suppe ein tolles kaltes Mittagessen. Anstelle von Gundermann können Sie auch Brennnesseln verwenden.*

SÜSSKARTOFFELSUPPE

**1 Süßkartoffel ~ 2 EL flüssiges Kokosöl ~ ½ Mango
200 ml Kokosmilch ~ ½ Avocado ~ 1 kleine, rote Paprika
1 Orange ~ ½ Limette ~ ½ entkernte rote Chilischote
1 EL geriebener Ingwer ~ ½ TL Kreuzkümmel ~ ½ TL
Meersalz ~ 1 TL Kurkuma ~ 100 ml warmes Wasser**

Süßkartoffel und Mango schälen und grob würfeln. Paprika grob hacken und zum Dekorieren beiseitestellen. Fruchtfleisch der Avocado herauslöffeln. Orange schälen und Limette auspressen. Alle Zutaten (sie sollten nicht zu stark gekühlt sein) in den Mixer geben und pürieren. Ganz zum Schluss 100 ml warmes Wasser dazumixen. Süßkartoffelsuppe mit Paprikawürfeln dekorieren.

SOSSEN

Diese Soßen können Sie zu roh zubereiteten Gerichten wie Gemüsespaghetti, als Salatdressing oder in festerer Konsistenz genießen.

SUPERLECKER

200 g Cashewkerne ~ 2 TL Tamari
1 TL Ume Su ~ 2 TL Moringapulver
400 ml Wasser

Cashewkerne 2–3 Stunden in Wasser einweichen lassen, dann abgießen. Alle Zutaten in den Mixer geben und glatt rühren.

TIPP: *Mit weniger Wasser ist dies ein toller Dip für Gemüsesticks.*

MEHR ALS TOMATE

3 mittelgroße Tomaten
12 getrocknete Tomaten
4 getrocknete entkernte Datteln
1 TL mittelscharfer Senf
4 Stängel Koriander
200 ml Wasser
Cayennepfeffer, Ume Su und Tamari nach Geschmack

Getrocknete Tomaten und Datteln 2–3 Stunden einweichen lassen, dann abgießen. Danach alles in den Mixer geben und glatt rühren.

MANDELMAYO

Saft von ½ Zitrone ~ Saft von ½ Orange
2 EL Mandelpüree ~ 250 ml Erdnussöl ~ 200 ml Wasser
je 1 Msp. Halit, Muskatnuss und Edelhefe

100 ml Wasser, Zitronen- und Orangensaft in den Mixer geben und kurz vermengen. Mandelpüree dazugeben und wieder kurz aufmixen. Bei laufendem Mixer auf niedrigster Geschwindigkeit gleichermaßen Erdnussöl und restliches Wasser langsam dazugießen, sodass eine feste Emulsion entsteht. Gewürze nach Belieben hinzugeben. Gewürze immer zum Schluss dazugeben, da sonst die Bindekraft des Lecithins im Mandelpüree schwächer wird.

TIPP: *Die Mayo ist auch mit kalt gepresstem Mandel- oder Aprikosenöl köstlich.*

BITTERSÜSS

150 g entsteinte Oliven ~ 70 g Kapern
100 g geschälte Süßkartoffel ~ 60 g Chiasamen
1 TL Apfeldicksaft ~ 1 TL Ume Su
Salz und Pfeffer nach Geschmack ~ 200 ml Wasser

Süßkartoffel in grobe Stücke schneiden. Aus Oliven, Kapern, Süßkartoffel, Apfeldicksaft und Gewürzen eine glatte Flüssigkeit mixen. Chiasamen vorsichtig unterrühren, bis diese sich mit der Flüssigkeit verbunden haben.

QUER DURCH DEN GARTEN

2 Tomaten
2 Stangen Sellerie
½ rote Paprika
12 getrocknete Tomaten
2 EL Senf
1 EL Kräuter der Provence oder Pizzagewürz
½ EL Pfeffer
1 EL Kurkuma
2 EL Apfelessig
2 EL Tamari

Getrocknete Tomaten 1–2 Stunden einweichen lassen. Stangensellerie und Paprika in je 4–5 Stücke zerteilen. Danach alle Zutaten in den Mixer geben und fein pürieren.

TIPP: *Lassen Sie Kelpnudeln in dieser Soße einweichen, und genießen Sie sie z. B. mit Gurken, weißen Riesenbohnen, Shiitakepilzen oder Champignons als Salat.*

FEIGENDRESSING

4 getrocknete Feigen ~ 150 ml Apfelsaft
1 kleine Schalotte ~ 2 EL Himbeeressig
3 EL Walnussöl

Getrocknete Feigen 1–2 Stunden in Apfelsaft einweichen lassen. Schalotte schälen. Alle Zutaten in den Mixer geben und pürieren.

TIPP: *Dieses Dressing ist ein schmackhafter Dip, wenn Sie 2 Datteln mehr oder nur 50 ml Apfelsaft verwenden. Anstelle von Himbeeressig oder Walnussöl können Sie auch weißen Balsamicoessig und Sonnenblumenöl dazugeben.*

DIPS

Diese Dips sind wunderbar geeignet als Zusatz zu verschiedenen Gerichten. Aber auch mit Gemüsesticks oder als Sättigungsbeilage zu Salat sind sie sehr beliebt. Schneiden Sie Obst und Gemüse vor der Verarbeitung in mundgerechte Stücke, und bereiten Sie die Dips im Mixer unter Verwendung des Stößels zu. Um die Konsistenz zu verändern, geben Sie einfach mehr Wasser hinzu.

ALPHA BIS OMEGA

1 Avocado ~ 10 g Alfalfa-Sprossen
¼ Zitrone mit Schale ~ Salz und Pfeffer nach Geschmack

Avocado halbieren und das Fruchtfleisch herauslöffeln. Zuerst die Zitrone mit wenig Wasser mixen. Anschließend alle anderen Zutaten in den Mixer geben und glatt pürieren.

OH WUNDER

200 g Cashewkerne ~ 2 EL Moringapulver
1 TL Salz ~ 200 ml Wasser

Cashewkerne 2–3 Stunden in Wasser einweichen lassen, dann abgießen. Alle Zutaten im Mixer glatt pürieren.

TIPP: *Nehmen Sie 1 EL des Dips als Grundlage für eine Salatsoße. Geben Sie für die Soße nur noch 3 EL Olivenöl dazu. Cashewkerne sind ein guter Energielieferant und unterstützen den Knochen- und Muskelaufbau durch ihren hohen Eiweiß- und Eisenanteil. Sie enthalten viele Enzyme, Mineralien, Omega-3-Fettsäuren und besonders konzentriert Zink.*

TIPP: *Besonders lecker schmeckt dieser Dip auf Gurkenscheiben. Wenn Sie nur einen Teil essen, bewahren Sie den Rest im Kühlschrank auf. Nehmen Sie etwas weniger Wasser, dann erhalten Sie einen Brotaufstrich.*

KRUMME NUSS

300 g Cashewkerne
3 EL Zitronensaft
300 ml Wasser
1 TL Salz

Cashewkerne 2–3 Stunden in Wasser einweichen lassen, dann abgießen. Alle Zutaten im Mixer pürieren und an einem warmen Ort mindestens 5 Stunden stehen lassen.

ANTIPASTI

250 g gekeimte Kichererbsen
50 g getrocknete Tomaten
4 EL Olivenöl
2 EL Tamari
½ Zwiebel
20 g Mungobohnensprossen
1 Tomate

Zwiebel schälen. Getrocknete Tomaten 2–3 Stunden einweichen lassen und mit Einweichwasser und den anderen Zutaten im Mixer pürieren.

MAFIOSI

30 g Chiasamen ~ 100 g schwarze Oliven ohne Kern
30 g Kapern ~ 1 daumengroßes Stück Chilischote
150 ml Wasser

Chiasamen mindestens 2 Stunden einweichen lassen. Danach alle Zutaten in den Mixer geben und pürieren.

FRÜHLINGSBOTE

100 g Bärlauch ~ 100 g gekeimte Sonnenblumenkerne
2 EL Kokosöl

Alle Zutaten in den Mixer geben und pürieren.

TIPP: *Anstelle der gekeimten Sonnenblumenkerne können Sie auch eingeweichte verwenden. Diese werden ca. 3 Stunden eingeweicht, danach wird das Wasser abgegossen.*

TAUSENDUNDEIN SESAM

150 g Sesam ~ 80 g Lupinenmehl
1 Knoblauchzehe ~ Saft von 1 Zitrone
1 Handvoll getrocknete Tomaten ~ Wasser nach Bedarf
Salz, Chili und Kreuzkümmel nach Geschmack

Knoblauch schälen. Sesam und getrocknete Tomaten ca. 2 Stunden einweichen lassen, dann alles zusammen in den Mixer geben und glatt mixen.

TIPP: *Sesam öffne dich! Jeder kennt diese Zauberformel aus der Märchenwelt, die den Zugang zu einer Felsenhöhle mit unermesslichen Schätzen frei gibt. Ähnlich unermesslich ist der Vitalstoffreichtum im Sesamsamen. Sesam ist aufgrund seines hohen Kalziumgehalts für die Knochengesundheit sehr wertvoll, und es senkt bei regelmäßigem Verzehr den Blutdruck.*

MADE IN BAYERN

2 Äpfel ~ 1 Handvoll Giersch
100 g Rettich ~ 50 g Walnüsse

Äpfel vierteln. Walnüsse ca. 2 Stunden in Wasser einweichen lassen, dann abgießen. Alle Zutaten in den Mixer geben und glatt pürieren.

MULTIKULTI

200 g Kürbis mit Schale
2 EL Tahin (Sesammus)
Saft von 1 Zitrone
1 Knoblauchzehe
Wasser nach Bedarf
Salz, Chili, Kurkuma und Kreuzkümmel nach Geschmack

Knoblauch schälen. Kürbis in Spalten schneiden. Alle Zutaten in den Mixer geben und glatt pürieren.

TIPP: *Falls Sie kein Tahin haben, lassen Sie einfach Sesamkörner einweichen, und pürieren Sie sie danach.*

MANDELFEUER

2 rote Paprika ~ 1 Knoblauchzehe ~ 50 g Mandeln
3 EL Olivenöl ~ 1 EL Apfelessig ~ ½ TL Paprikapulver
3 cm einer Chilischote ~ Halit oder Meersalz

Mandeln ca. 2 Stunden in Wasser einweichen lassen, dann abgießen. Paprika entkernen und Knoblauch schälen. Alle Zutaten in den Mixer geben und glatt pürieren.

BAUMIGES SÜSS-SAUER

20 getrocknete Pflaumen ~ 100 g Walnüsse
1 EL Apfelessig ~ 50–100ml Wasser

Getrocknete Pflaumen und Walnüsse mindestens 2 Stunden einweichen lassen und dann alles mit Einweichwasser pürieren.

TIPP: *Wenn Sie auf den Apfelessig verzichten, erhalten Sie ein tolles herbstliches Dessert.*

GUMARINGA

1 Gurke
100 g Macadamianüsse
1 EL Moringapulver
1 Prise Halit
1 Prise Pfeffer

Macadamianüsse ca. 2 Stunden in Wasser einweichen lassen, dann abgießen. Gurke in 4–5 Stücke schneiden und mit den anderen Zutaten im Mixer glatt pürieren.

TIPP: *Gurken haben ein Enzym, das Bandwürmer auflöst. Sie reinigen den Darm und spülen die Nieren durch. Außerdem enthalten Sie besonders viel Kalzium, Magnesium und Schwefel. Moringa wird wegen seines unübertroffenen Nährstoffgehaltes auch »Wunderbaum« genannt. Die Blätter enthalten an Vitaminen, Kalium, Kalzium, Eisen, Aminosäuren und Spurenelementen ein Vielfaches mehr als andere Pflanzen. Besonders hervorzuheben sind der hohe Chlorophyllgehalt und das Pflanzenhormon Zeatin, das die Vitalstoffe im Körper an den Ort bringt, wo diese von der Zelle benötigt werden. Moringa ist wohl eine der vollkommensten Pflanzen, mit allen Nährstoffen gesegnet, die der Mensch vom Kleinkind bis ins hohe Alter braucht.*

RUND UND KNACKIG

2 Stängel Sellerie
2 Äpfel
3 EL Tahin

Sellerie und Äpfel vierteln und mit Sesammus mixen.

TIPP: *Stangensellerie ist ein unterschätztes Gemüse. Wenn Sie einen Smoothie mit Sellerie nach dem Sport trinken, füllen Sie Ihren Elektrolythaushalt schnell wieder auf. Sellerie ist reich an Kalium, Natrium, Schwefel und an Vitaminen A, B, C und wirkt wassertreibend und abführend, was Wassereinlagerungen verhindert.*

INDIAN RED

200 g Rote Bete ~ 200 g gekeimte Kichererbsen
1 Orange ~ 2 EL Tamari ~ 1 EL Ume Su
Kreuzkümmel nach Geschmack

Rote Bete schälen, mit den anderen Zutaten in den Mixer geben und fein pürieren.

TIPP: *Ume Su ist eine feinsäuerliche, fruchtige Würzsoße mit salziger Note. Sie bildet sich bei der Milchsäuregärung von Umeboshi (Aprikosen) und kann wie Essig verwendet werden. Ume Su belebt Salatsoßen, Dips und Aufstriche. In Japan ist es eine absolute Delikatesse.*

ÖKOFREAK

200 g gekeimte Sonnenblumenkerne
250 ml Wasser
½ Bund Koriander
½ Bund Petersilie
¼ Zitrone mit Schale
oder 2 EL Zitronensaft
je 1 Prise Salz und Pfeffer

Alle Zutaten zusammen in den Mixer geben und glatt pürieren.

TIPP: *Dieser Dip schmeckt hervorragend zu Gurke. Möglich sind auch ungekeimte Sonnenblumenkerne. Lassen Sie diese ca. 3 Stunden einweichen, dann verwenden Sie sie samt Einweichwasser. In dem Fall geben Sie nur 100 ml Wasser zum Dip.*

HERBSTZAUBER

1 große Karotte ~ 100 g geschälte grüne Kürbiskerne
5 Stängel Petersilie ~ 1 Knoblauchzehe
je 3 EL Kürbiskern- und Olivenöl ~ 1 EL Zitronensaft
½ TL Zitronenschale
Salz und schwarzer Pfeffer nach Geschmack

Karotte in 7–9 Stücke schneiden. Knoblauch schälen. Zuerst Kürbiskerne in den Mixer geben und zerkleinern. Dann alle anderen Zutaten nach und nach zufügen und so lange mixen, bis alles noch ein wenig stückig ist.

Diese roh-veganen Desserts sind allesamt sehr vitalstoffreich und zum Teil sehr sättigend, sodass sie auch als Zwischenmahlzeit dienen. Nach der Zubereitung füllen Sie die Desserts am besten in Schälchen und stellen sie mindestens eine halbe Stunde in den Kühlschrank. Dann sind sie noch köstlicher.

DESSERTS

ARONIA-FEIGE

12 getrocknete Feigen ~ 5 TL Aroniapulver
150 ml Wasser ~ 1 Spritzer Zitronensaft
3 EL Mandelpüree

TIPP: *Anstelle von Aroniapulver können Sie auch Aroniasaft verwenden. Dann sollten Sie aber das Wasser weglassen.*

Getrocknete Feigen 1–2 Stunden in Wasser einweichen lassen, dann abgießen. Feigen, Aroniapulver und 100 ml Wasser in den Mixer geben und glatt mixen. Für die Soße 3 EL Mandelpüree mit 50 ml Wasser und Zitronensaft im Mixer auf niedriger Stufe vermischen. Dessert in Schälchen oder Gläser füllen und Mandelpüreesoße darübergießen.

CAROGOJI

2 EL Carobpulver ~ 1 Avocado
3 EL Reissirup ~ 50 g getrocknete Gojibeeren
400 ml Nuss- oder Getreidedrink
½ TL Vanillepulver

Avocado halbieren und das Fruchtfleisch herauslöffeln. Gojibeeren ca. 1 Stunde einweichen lassen, dann abgießen. Alle anderen Zutaten in einem Mixer pürieren und dann die Gojibeeren untermengen.

ORANGE TRIFFT NUSS

2 Orangen ~ 200 g Pekannusskerne ~ 100 ml Mandeldrink
1 EL Agavendicksaft nach Geschmack

Pekannusskerne ca. 2 Stunden in Wasser einweichen lassen, dann abgießen. Orangen schälen und mit den anderen Zutaten im Mixer zu einer glatten Masse pürieren. In Schälchen füllen und ca. ½ Stunde kalt stellen.

GUTES KARMA

30 getrocknete Pflaumen
100 g Pekannusskerne
3 EL Zitronensaft
30 g Cashewkerne ~ 400 ml Wasser

Cashewkerne mindestens 2 Stunden einweichen lassen, dann abgießen. Getrocknete Pflaumen 1–2 Stunden einweichen lassen. Pflaumen mit Einweichwasser und Nüsse in den Mixer geben. 100 ml Wasser hinzufügen und alles glatt mixen. Für die Zitronen-Cashew-Soße Cashewkerne mit restlichem Wasser und Zitronensaft mixen. Die Creme in Schälchen füllen und mit der Soße übergießen.

NUSS HAT'S

je 50 g Paranusskerne, Walnüsse und Mandeln
2 EL Hanfsamen ~ 2 Bananen ~ 150 ml Mandeldrink
2 EL Kokosblütenzucker ~ 1 TL Zimt
2 Msp. Bourbonvanille ~ 1 Msp. Salz

Nüsse und Mandeln mindestens 2 Stunden einweichen lassen, dann abgießen. Bananen schälen. Alle Zutaten im Mixer so lange mixen, bis eine glatte Creme entstanden ist. Creme in eine Schüssel füllen und ca. 4 Stunden kalt stellen.

HIMBEERHERZEN

200 g Himbeeren ~ 100 g getrocknete Goijbeeren
100 g Kokosmus ~ 3 EL Kokosblütensirup
1 Stängel Pfefferminze

Gojibeeren ca. 20 Minuten in 100 ml Wasser einweichen lassen. Mit dem Einweichwasser und allen anderen Zutaten im Mixer glatt rühren. Masse in Förmchen gießen, z. B. Herzen, und dekorieren. Himbeerherzen mindestens 2 Stunden in den Kühlschrank kalt stellen.

APRIKO OHO

13 Aprikosen — 1 Banane — 50 ml Hanfdrink
3 EL Birkenzucker — 1 EL Zitronensaft
1 TL Johannisbrotkernmehl

TIPP: *Anstelle von Johannisbrotkernmehl eignen sich auch 3 EL Chiasamen oder 4 EL fein gemahlene Mandeln zum Andicken. Dann muss das Dessert länger kühlen.*

Aprikosen halbieren und entsteinen. Banane schälen. Alle Zutaten bis auf das Johannisbrotkernmehl in den Mixer geben und fein pürieren. Am Ende das Mehl hinzufügen und nochmals langsam mixen. In Schälchen füllen und im Kühlschrank ca. 1 Stunde kühlen.

CHIA BLUE

250 g Blaubeeren — 1 Banane — 6 EL weißer Chiasamen
500 ml Mandeldrink — Zimt nach Geschmack

Banane schälen. Mandeldrink mit Blaubeeren, Banane und Zimt im Mixer pürieren. Umfüllen in Ausgussbehälter. Chiasamen leicht untermischen, in Portionsbehälter füllen und mindestens eine halbe Stunde kalt stellen.

BESSER GEHT'S NICHT

300 g Papaya ~ 1 Orange
100 g Macadamianüsse
5 getrocknete Feigen
1 EL Kokosöl
Vanillepulver nach Geschmack

Macadamianüsse ca. 2 Stunden in Wasser einweichen lassen, dann abgießen. Getrocknete Feigen 1–2 Stunden in Wasser einweichen lassen, dann abgießen. Orange schälen. Alle Zutaten im Mixer glatt pürieren.

ZITRON-IRISH

25 g getrocknetes Irish Moss ~ 350 ml Mandeldrink
100 g Cashewkerne ~ Saft von 2 Limetten
Schale von 1 Limette ~ 1 TL Algenpulver
2 EL Agavendicksaft

Irish Moss gründlich waschen und in sehr viel Wasser ca. 5 Stunden einweichen lassen. Danach nochmals gründlich abspülen. Cashewkerne mindestens 2 Stunden in Wasser einweichen lassen, dann abgießen. Irish Moss und 150 ml Mandeldrink im Mixer gründlich mixen. Danach Cashewkerne, Limettensaft und -schale, restlichen Mandeldrink und Algenpulver hinzufügen. Alles auf höchster Stufe mindestens 2 Minuten mixen. Am Ende noch mit Agavendicksaft süßen.

KOKOMACHI

1 l Kokosmilch
½ Vanilleschote
1 Mango
4 EL Chiasamen

Mango schälen und Fruchtfleisch vom Kern schneiden. Kokosmilch, Vanilleschote und Mango im Mixer glatt pürieren. Chiasamen leicht untermischen. Dessert in Portionsschälchen füllen und mindestens eine halbe Stunde kalt stellen.

SCHOKADO

1 Avocado
3 EL rohes Kakaopulver
2 EL Agavendicksaft

Avocado halbieren und das Fruchtfleisch herauslöffeln. Alle Zutaten im Mixer glatt pürieren.

FLY HIGH

100 g Blaumohn ~ 100 g Hanfsamen
1 Handvoll Brennnessel oder andere Wildkräuter
½ TL Vanillepulver ~ 50 g Rosinen
¼ Zitrone mit Schale ~ 100 ml Mandeldrink

Mohn und Rosinen zusammen in Wasser über Nacht einweichen lassen. Brennnessel, Zitrone und Mandeldrink in den Mixer geben und mixen. Dann Mohn und Rosinen gegebenenfalls mit dem restlichen Einweichwasser, Hanfsamen und Vanillepulver hinzufügen und alles glatt pürieren. Sollte die Creme zu flüssig sein, noch mehr Hanfsamen hinzufügen.

TIPP: *Blaumohn enthält viele hochwertige Nährstoffe, besonders Kalzium und Zink. Mit diesem Dessert nehmen Sie eine Vielzahl von Vitalstoffen zu sich.*

EIS

Als Grundlage für diese Eiskreationen dienen grundsätzlich gefrorene Früchte. Bananen werden vor dem Einfrieren in 5–7 Stücke geschnitten. Beim Zubereiten des Eises im Mixer setzten Sie den Stößel ein, damit alles eine gleichmäßige Konsistenz ergibt. Alle Rezepte ergeben 4 Portionen.

BRENNNESSEL-EIS

3 Bananen
20 g Brennnessel
80 ml kalter Reisdrink
5 getrocknete entkernte Datteln

Bananen schälen, in 6–7 Stücke schneiden und mindestens 12 Stunden einfrieren. Brennnesseln, Datteln und Reisdrink im Mixer fein mixen. Am Ende die gefrorenen Bananen dazugeben und alles auf niedriger Stufe cremig pürieren.

APRIKOSEN-MANDEL-EIS

400 g Aprikosen
100 ml kalter Mandeldrink
3 EL Mandelmus oder 75 g enthäutete Mandeln
3–4 EL Kokosblütenzucker
Saft von ½ Zitrone

Aprikosen vierteln, entsteinen und mindestens 12 Stunden einfrieren. Mandelmus, Mandeldrink, Zucker und Zitronensaft im Mixer gründlich mixen. Aprikosen hinzufügen und alles auf niedriger Stufe zu einem cremigen Eis pürieren.

ERDBEER-BASILIKUM-SORBET

400 g Erdbeeren
4–6 Blätter Basilikum
4 EL Agavendicksaft
2 EL Zitronensaft

Erdbeeren mindestens 12 Stunden einfrieren. Danach kurz antauen lassen und gemeinsam mit den anderen Zutaten fein pürieren.

KURKUMA-EIS

3 Bananen ~ 1 TL Kurkuma ~ 100 g Cashewkerne
200 ml kalter Reisdrink ~ 4–6 Eiswürfel
1 EL Agavendicksaft

Bananen schälen, in 6–7 Stücke schneiden und mindestens 12 Stunden einfrieren. Cashewkerne mindestens 2 Stunden einweichen lassen, dann abgießen. Kurkuma, Nüsse, Reisdrink und Agavendicksaft im Mixer pürieren. Bananen und Eiswürfel langsam hinzufügen und alles zu einer feinen Eiscreme mixen.

HIMBEER-KOKOS-EIS

300 g Himbeeren
2 EL Kokosmus
100 g Macadamianüsse
100 ml kalter Mandeldrink
4 Feigen

Himbeeren mindestens 12 Stunden einfrieren. Feigen mindestens 2 Stunden einweichen lassen, dann abgießen. Kokosmus, Nüsse, Mandeldrink und Feigen im Mixer zu einer glatten Masse pürieren. Himbeeren hinzufügen und alles zu einem cremigen Eis mixen. Mit Hanfsamen verzieren.

MATCHA-EIS

3 Bananen
3 TL Matchapulver
2 EL Mandelmus
1–2 EL Kokosblütensirup
4–6 Eiswürfel

Bananen schälen, in 6–7 Stücke schneiden und mindestens 12 Stunden einfrieren. Matcha, Mandelmus und Kokosblütensirup mixen. Anschließend Eiswürfel und Bananen langsam hinzufügen und alles zu einer feinen Eiscreme mixen.

Matcha

Alle Kuchen sind roh und brauchen keinen Backofen, dafür aber einen Kühlschrank oder den Winter. Bei Kuchen wird immer erst der Boden gefertigt, in eine Springform mit einem Durchmesser von 18 cm gedrückt und mindestens 3 Stunden kalt gestellt. Nach dem Kühlen kommt die Füllung aus dem Mixer darüber, und der Kuchen wird wieder mindestens 4 Stunden gekühlt.

KUCHEN

ERNTEDANK

TIPP: *Anstelle von Buchweizen können Sie auch die gleiche Menge geschälte Hanfsamen verwenden.*

FÜR DEN BODEN

100 g Buchweizen ~ 3 EL Kokosöl
100 g getrocknete entkernte Datteln
150 g Pekannusskerne

Buchweizen waschen und mindestens 2 Stunden wässern. Danach mit frischem Wasser spülen und mindestens 12 Stunden ankeimen lassen. Anschließend noch einmal spülen. Pekannusskerne und Datteln ca. 2 Stunden in Wasser einweichen lassen, dann abgießen. Datteln in kleine Stücke schneiden und mit Buchweizen, Pekannusskernen und Kokosöl in einer Küchenmaschine oder mit den Händen in einer Schüssel zu einem Teig kneten. Boden in eine Springform drücken und im Kühlschrank kalt stellen.

FÜR DIE FÜLLUNG

200 g Muskatkürbis ~ 100 g Cashewkerne ~ 200 ml Wasser
4 EL Agavensirup ~ 3 EL Baobabpulver
1 EL Sonnenblumenlecithin ~ 4 EL Kokosöl oder -mus

Cashewkerne mindestens 2 Stunden einweichen lassen. Kürbis schälen und in kleine Stücke schneiden. Cashewkerne mit Einweichwasser und allen anderen Zutaten nach und nach in den Mixer gegeben und unter Verwendung des Stößels zu einer festen glatten Masse verarbeiten und in die Springform geben.

TIPP: *Das Sonnenblumenlecithin ist ein Emulgator auf pflanzlicher Basis, der Flüssigkeiten mit Fett verbindet. Auch als veganer Eiersatz und bei Glutenunverträglichkeit wird es oft verwendet.*

BLAU-KOKO

FÜR DEN BODEN

200 g Hanfsamen ~ 20 getrocknete entkernte Datteln
50 g Kokosöl

Datteln 2–3 Stunden einweichen lassen, dann abgießen. Datteln in kleine Stücke schneiden und mit Hanfsamen und Kokosöl in einer Küchenmaschine oder mit den Händen in einer Schüssel zu einem Teig kneten. Boden in eine Springform drücken und im Kühlschrank kalt stellen.

FÜR DIE FÜLLUNG

200 g Blaubeeren ~ 150 g Cashewkerne
100 g Kokosöl oder -mus ~ 4 EL Kokosblütensirup

Cashewkerne mindestens 2 Stunden einweichen lassen. Mit Einweichwasser und allen anderen Zutaten nach und nach in den Mixer gegeben und unter Verwendung des Stößels zu einer festen glatten Masse verarbeiten und in die Springform geben.

FÜR DIE DEKORATION

100 g Blaubeeren

HIMBEERKONFEKT

300 g Cashewkerne ~ 200 ml Kokosöl
50 ml Agavendicksaft ~ 50 ml Wasser oder Mandeldrink
2 TL Vanillepulver ~ 200 g Himbeeren
50 g gemahlene Mandeln

Cashewkerne mindestens 2 Stunden einweichen lassen, dann abgießen. Cashewkerne, Kokosöl, Agavendicksaft, Wasser und Vanille im Mixer fein pürieren. Himbeeren und Mandeln vorsichtig unterrühren. Vanille-Himbeer-Masse in eine kleine Auflaufform gießen und ca. 2 Stunden im Kühlschrank aushärten lassen. Himbeertörtchen in kleine Stücke schneiden und kühl lagern.

CAROB-MANDALA

FÜR DEN BODEN

200 g Macadamianüsse
80 g Dattelpaste oder getrocknete entkernte Datteln
3 EL Kokosöl oder -mus

Macadamianüsse und Datteln 2–3 Stunden einweichen lassen, dann abgießen. Alle Zutaten in einer Küchenmaschine oder mit den Händen in einer Schüssel zu einem Teig kneten. Boden in eine Springform drücken und im Kühlschrank kalt stellen.

FÜR DIE FÜLLUNG

200 g geschnittenes Johannisbrot oder 150 g Carobpulver
100 g Hanfsamen ~ 150 g Cashewkerne
200 ml Reisdrink ~ 5 EL Kokosöl oder -mus
50 g getrocknete Gojibeeren ~ 4 EL Kokosblütensirup

Cashewkerne mindestens 2 Stunden einweichen lassen. Mit Einweichwasser und allen anderen Zutaten – bis auf die Gojibeeren – nach und nach in den Mixer geben und unter Verwendung des Stößels zu einer festen glatten Masse verarbeiten. Danach Gojibeeren hinzufügen und alles in die Springform geben.

FÜR DIE DEKORATION

70 g Macadamianüsse ~ 30 g Kokosraspeln
30 g getrocknete Gojibeeren

BLAUBEER-KOKOS-LAVENDEL-KUCHEN

EIN REZEPT VON KIRSTIN KNUFMANN – ROHKOSTEXPERTIN UND GESCHÄFTSFÜHRERIN VON »PURERAW«

FÜR DEN BODEN

80 g Buchweizen ~ 70 g Mandeln ~ 70 g Kürbiskerne
70 g Blaubeeren ~ 80 g Dattelpaste oder getrocknete entkernte Datteln ~ 1 EL erwärmtes Kokosöl
ggf. 2 TL Açaipulver

Buchweizen waschen und ca. 2 Stunden wässern. Danach mit frischem Wasser spülen und ca. 12 Stunden ankeimen lassen. Nochmals gut spülen und in die Küchenmaschine geben. Alle Zutaten für den Boden hinzufügen und zu einem geschmeidigen Teig verarbeiten. Boden und Rand der Springform gleichmäßig mit Teig auskleiden. Dies funktioniert gut mit einem Esslöffel.

FÜR DIE FÜLLUNG

25 g Irish Moss ~ 180 ml Wasser ~ 120 g Kakaobutter
400 ml Kokosmilch ~ 100 g Blaubeeren
150 g Zucker (z. B. Kokosblütenzucker oder Xylith)
1 TL Sonnenblumenlecithin ~ ¼ TL Vanillepulver
1 Prise Salz ~ 2 EL erwärmtes Kokosöl

Irish Moss abwaschen und ca. 2 Stunden in Wasser einweichen lassen. Anschließend gut spülen und mit frischem Wasser in den Mixer geben. Alles 1–2 Minuten auf höchster Stufe

mixen, bis ein weißliches trübes Gel entstanden ist. Zutaten – außer die Blaubeeren – hinzufügen und auf leichter bis mittlerer Stufe vorsichtig vermixen. Nur so lange mixen, bis sich alles vermengt hat! Füllung in eine Schüssel geben, Blaubeeren unterheben, in die Kuchenform geben und glatt streichen.

FÜR DIE DEKORATION
10 Lavendelblüten

8 Blüten im Ganzen auf dem Kuchen verteilen. 2 Blüten zupfen und damit den Kuchen dekorieren. Den Kuchen mindestens 6 Stunden in den Kühlschrank stellen und gekühlt servieren.

NUSS-DRINKS

Alle Nussdrinks werden nach dem gleichen Prozedere hergestellt. Nach dem Mixen wird die Flüssigkeit durch einen Milchbeutel gegossen, um die Nussreste von der Flüssigkeit zu separieren.

KAKAO-CASHEWDRINK

600 ml Kokoswasser ~ 50 g Kakaonibs oder -bohnen
30 g Cashewkerne ~ 2 TL Agavendicksaft
2 TL Hanföl oder -samen ~ 2 TL Kakaobutter
1 Prise Zimt ~ 1 Prise Halit

Cashewkerne mindestens 2 Stunden einweichen lassen, dann abgießen. Alle Zutaten zusammen in den Mixer geben und pürieren.

TIPP: *Diese Milch ist von den Zutaten so hochwertig, dass sie auch gern pur getrunken wird.*

MANDELDRINK

150 g enthäutete Mandeln
1 l Wasser ~ Süßungsmittel nach Geschmack

Alle Zutaten in den Mixer geben und pürieren, bis die Flüssigkeit glatt gemixt ist.

TIPP: *Ungeschälte Mandeln können Sie über Nacht einweichen lassen. Dann lässt sich die Haut ganz leicht abziehen. Mandeldrink können Sie auch aus 4 EL Mandelmus und 1 l Wasser herstellen.*

HANFDRINK

85 g ungeschälte Hanfsamen
500 ml Wasser

Hanfsamen in den Mixer geben und mit ein wenig Wasser kurz zerkleinern. Restliches Wasser dazugeben und nochmals mixen, bis die Flüssigkeit milchig aussieht.

KALTE GETRÄNKE

Die folgenden Getränke bieten vor allem im Sommer eine wundervolle Alternative zu Wasser und Saft und sind zudem anregend und nährend. Eiswürfel können beim Zubereiten immer mitgemixt werden.

ROTE ZORA

700 g Wassermelone mit Kernen ~ 2 TL Açaipulver
5 Blätter Pfefferminze

Melonenfruchtfleisch von der Schale lösen, mit den anderen Zutaten in den Mixer geben und glatt rühren.

TIPP: *Bei Hitze ist dies ein idealer Durstlöscher mit einem exotischen Geschmack, der zudem eine gute Vitalstoffversorgung bietet. Wer es kälter mag, gibt 4 Eiswürfel beim Mixen hinzu.*

HONIG-ZITRO

1 Honigmelone mit Kernen — 7 Blätter Zitronenmelisse
1 EL Lucumapulver — ggf. 4 Eiswürfel

Melonenfruchtfleisch von der Schale lösen, mit den anderen Zutaten in den Mixer geben und glatt rühren.

TIPP: *Lucuma wird in manchen Gegenden im Andenhochland Perus auch als »das Gold der Inkas« bezeichnet. Bereits die Ureinwohner schätzten die Frucht als wertvolle Süßstoffquelle und als Sinnbild für Fruchtbarkeit. Noch heute zählt Lucuma zu den am häufigsten angebauten Pflanzen Perus. Die subtropische, goldgelbe Frucht ähnelt geschmacklich und äußerlich der Mango, enthält wertvolles pflanzliches Vitamin A (Beta-Carotin), Vitamin B3, Eisen, Kalzium und Phosphor. Lucumapulver ist ein exzellenter natürlicher und nährstoffreicher Süßstoff.*

LIEBESTRUNK DER GÖTTER

1 Granatapfel ~ 100 g Hanfsamen
1 TL Camu-Camu-Pulver ~ 300 ml Wasser
1 EL Agavendicksaft ~ 1 TL Macapulver

Granatapfel halbieren und Kerne herauslösen. Granatapfelkerne, Hanfsamen, Camu Camu, Macapulver, Agavendicksaft und Wasser zu einem Drink mixen.

TIPP: *Granatapfelkerne lassen sich bequem und ohne Saftspritzer herauslösen, wenn Sie den halbierten Granatapfel in eine Schüssel mit Wasser halten und die Kerne unter Wasser aus dem Fruchtbett herausdrücken. Der Granatapfel, der in der Antike auch als »Liebesapfel« galt, und das Macapulver haben einen positiven Einfluss auf die Libido. Mit Camu Camu ist dieser Drink eine echte Vitamin-C-Bombe.*

KISS FROM A ROSE

Blätter von 1 roten Rose ~ 1 TL Açaipulver
1 l Wasser ~ ggf. 4 Eiswürfel

¾ der Rosenblätter mit 100 ml Wasser in den Mixer geben und mixen. Wenn sich die Blätter aufgelöst haben, restliches Wasser, Açaipulver und die übrigen Rosenblätter ganz dazugeben.

TIPP: *Anstelle der Rosenblätter können Sie auch 10 Basilikum- oder Pfefferminzblätter nehmen. In dem Fall lassen Sie aber das Açaipulver weg.*

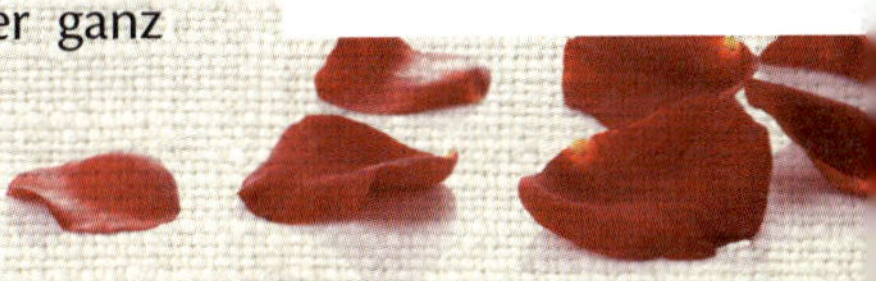

VOM ACKER

7 Stängel Ackerschachtelhalm ~ 1 Zitrone
Saft von 2 Orangen ~ 700 ml Wasser
1 EL Agavendicksaft

Alle Zutaten – bis auf das Süßungsmittel – in den Mixer geben und fein mixen. Limonade mindestens 3 Stunden stehen lassen, dann durch ein feines Sieb gießen und am Ende süßen.

TIPP: *Kalt serviert ist die Limonade ein absolut gesunder Durstlöscher. Ackerschachtelhalm enthält viel Kieselsäure und Magnesium. Daher regt dieser Drink den Stoffwechsel an und ist zudem bindegewebsstärkend.*

FRISCHEKICK

1 Gurke ~ ½ Ananas
2 Stangen Sellerie ~ 200 ml Wasser

Ananas schälen. Gurke und Ananas grob zerkleinern. Alle Zutaten im Mixer zu einem Getränk mixen.

TIPP: *Nach dem Sport ist dieses Getränk ideal, um den Vitalstoffhaushalt wieder aufzufüllen. Dieser Frischekick ist zudem schnell und einfach zubereitet.*

FATA MORGANA

400 ml kalt gebrühten orientalischen Gewürztee
10 Kakaobohnen oder 2 EL roher Kakao
200 ml Kokosmilch
1–2 EL Kokosblütensirup
1 Prise Zimt und Chilipulver

Alle Zutaten in den Mixer geben und ca. 30 Sekunden glatt rühren.

TIPP: *Ein absolut köstliches, wärmendes Getränk mit hohem Nährstoffgehalt. Sie können es auch mit warmem Tee zubereiten.*

INDIAN SUNRISE

200 ml Kokoswasser
200 ml Kokosmilch
1 TL Kurkumapulver
1 TL geriebener Ingwer
½ Ananas
2 EL Kokosblütensirup
1 Prise Halit

TIPP: *Wer es kühler oder flüssiger mag, gibt etwas mehr Wasser oder 4 Eiswürfel dazu.*

Ananas schälen und alle Zutaten im Mixer zu einem Drink pürieren.

TIPP: *Füllen Sie den schaumigen Löwenbändiger in Gläser, und trinken Sie ihn durch den Stiel der Löwenzahnblüte. Dies unterstützt Ihre Leber besonders gut. Essen Sie die sonnendurchtränkte Blüte dazu.*

LÖWENBÄNDIGER

¼ Zitrone mit Schale
½ Orange ohne Schale
200 ml Reisdrink
1 TL Apfeldicksaft
1 TL Zuckerrohrmelasse
2 Löwenzahnblüten mit langem Stiel

Alle Zutaten – bis auf den Löwenzahn – in den Mixer geben und ca. 50 Sekunden mixen.

INNER SUN

2 EL Mandelpüree ~ 1 daumengroßes Stück Ingwer
1 TL Kurkuma oder 2 cm frische Kurkumawurzel
2 TL Kokosöl ~ 1 TL Reissirup ~ 400 ml Wasser
je 1 Msp. Zimt, Kardamom und schwarzer Pfeffer

Alle Zutaten in den Mixer geben und ca. 30 Sekunden pürieren.

TIPP: *Wer es wärmer oder gar heiß mag, nimmt warmes oder heißes Wasser. Diese »Milch« wirkt schmerzlindernd und entzündungshemmend, hilft, die Leber zu entgiften, das Immunsystem zu stärken, lindert Gelenkbeschwerden und vermindert Hautprobleme.*

CAPPU DO BRASIL

2 EL Mandelpüree ~ 1 TL Zuckerrohrmelasse
1 EL Kokosöl ~ 1 EL Kokosblütensirup
1 TL Carobpulver ~ 300 ml Wasser

Mandelpüree, Carobpulver, Melasse, Sirup und Wasser im Mixer glatt rühren. Bei niedriger Geschwindigkeit das Kokosöl dazugeben. Alles ca. 2 Minuten stehen lassen. Mit einem Löffel den Schaum abnehmen. Flüssigkeit in Tassen abfüllen und den Schaum daraufgeben. Anschließend das Schaumkrönchen mit Kakaopulver dekorieren.

TIPP: *Auch hier lässt sich mit warmem oder heißem Wasser arbeiten. Als Naturkonzentrat ist Zuckerrohrmelasse ein Quell an Kalium, Kalzium, Magnesium und Eisen.*

MANDEL-BLAU

250 g Blaubeeren
500 ml Mandeldrink
1 Banane

Banane schälen. Zutaten in den Mixer geben und fein pürieren.

TIPP: *Anstelle von Mandeldrink können Sie auch 150 g geschälte Mandeln oder 3 EL Mandelpüree verwenden. Geben Sie dann aber noch 400 ml Wasser in den Mixer.*

GRÜNE SMOOTHIES

Bei der Zubereitung der Günen Smoothies sowie Smoothies im Allgemeinen gilt es Folgendes zu beachten: Schneiden Sie Obst und größere Zutaten in mundgerechte Stücke, und entfernen Sie die Steine aus Steinobst. Geben Sie vorzugsweise gefiltertes und energetisiertes Wasser in den Smoothie, und verändern Sie die Konsistenz durch Hinzugabe von etwas mehr Wasser. Alle Rezepte sind ausgelegt auf ca. 1 l Smoothie. Verwenden Sie für die Zubereitung einen Hochleistungsmixer, und mixen Sie den Smoothie 40–50 Sekunden auf höchster Stufe.

PRINZ MISHKYN

1 Birne
1 Apfel
1 Banane
100 g Spinat
4 EL Cashewkerne
7 getrocknete entkernte Datteln
½ Zitrone mit Schale
500–600 ml Wasser

Cashewkerne mindestens 2 Stunden einweichen lassen, dann abgießen. Spinat, Apfel, Birne und Zitrone grob zerkleinern. Banane schälen und mit den anderen Zutaten im Mixer fein pürieren.

TIPP: *Dies ist ein Mai-Smoothie, dann sind die Blätter der Buche gerade frisch in einem satten Hellgrün erschienen.*

BLATT FÜR BLATT MACHT SATT

13 Brombeerblätter ~ 13 Buchenblätter
13 Erdbeer- oder Wilderdbeerblätter
½ Avocado mit Kern ~ 1 Apfel ~ 1 Banane
½ Zitrone mit Schale ~ 1 EL Apfeldicksaft
400 ml Birkensaft

Banane und Avocado schälen und alle Zutaten im Mixer ca. 50 Sekunden mixen.

WILD AT HEART

TIPP: *Wildkräuter, die in den frühen Morgenstunden gepflückt werden, haben eine besonders starke Wirkkraft. Dieser Smoothie schmeckt mit Löwenzahn ein wenig bitterer als andere Smoothies und wird auch schneller braun, aber er wirkt entgiftend.*

1 Banane ~ 1 Mango
2 Handvoll Wildkräuter (Löwenzahn, Brennnessel, Spitzwegerich, Vogelmiere, Giersch)
100 g Mandeln oder 3 EL Mandelmus
300 ml Wasser ~ 13 Rosinen

Mandeln ca. 2 Stunden in Wasser einweichen lassen, dann abgießen. Banane schälen. Mango schälen und Fruchtfleisch vom Kern schneiden. Banane und Mango grob zerkleinern. Alle Zutaten in den Mixer geben und fein vermixen.

HEIMATGRÜN

2 Stängel Sellerie ~ 1 Gurke ~ 1 Bund Petersilie
1 Banane ~ ¼ Ananas ~ 2 EL Kokosflocken oder Kokosöl
400 ml Wasser

Ananas und Banane schälen, grob zerkleinern und mit den anderen Zutaten im Mixer pürieren.

TIPP: *Spirulina-Algen bestehen bis zu 70 % aus Eiweiß mit allen acht essenziellen und zehn nicht-essenziellen Aminosäuren, die immunstärkend, entzündungshemmend und allergiehemmend wirken.*

GREEN SPOOKI

100 g Pak Choi ~ 2 Äpfel
2 EL Chiasamen ~ 30 g getrocknete Mango
1 EL Spirulinapulver ~ 3 EL Rosinen
600 ml Wasser

Mango ca. 2 Stunden in Wasser einweichen lassen. Mango mit Einweichwasser und allen anderen Zutaten in den Mixer geben und ca. 30 Sekunden auf höchster Stufe mixen.

FRAUENZAUBER

2 Handvoll Frauenmantel ~ 2 Kiwi
Blütenblätter von 2 gelben oder weißen Rosen
50 ml Rosenwasser ~ 40 g Aloe oder 2 EL Aloe-vera-Gel
1 EL Birnendicksaft ~ 200 ml Wasser

Kiwi schälen und mit allen Zutaten im Mixer pürieren.

VITA-NESSEL

150 g Brennnessel
1 Mango
100 g geschälte Hanfsamen
400 ml Wasser

Mango schälen und Fruchtfleisch vom Kern schneiden. Alle Zutaten in den Mixer geben und auf höchster Stufe mixen.

TIPP: *Von den Brennnesseln nur die oberen 15–20 Zentimeter abschneiden und verwenden. Im Winter nehmen Sie einfach 30 g getrocknete Brennnesselblätter oder -samen mit 100 g frischem Blattgrün.*

BLÜTENMEER

½ Avocado ~ 10 Löwenzahnblüten
20 Gänseblümchenblüten ~ 10 Günselblüten
2 Holunderblütendolden ~ 1 EL Holunderblütensirup
2 Handvoll Klee ~ 500 ml Mandeldrink ~ 1 Prise Zimt

Fruchtfleisch der Avocado herauslöffeln. Alle Zutaten in den Mixer geben und ca. 40 Sekunden mixen.

TIPP: *Anstelle von Klee schmeckt der Smoothie auch mit Spinat.*

ALPENGLÜHEN

150 g Feldsalat
10 Blätter Frauenmantel
2 EL Leinsamen
2 Äpfel
2 cm Chilischote
2 EL Apfeldicksaft
400 ml Wasser

Leinsamen mindestens 1 Stunde einweichen lassen. Dann alle Zutaten in den Mixer geben und 30 Sekunden pürieren.

SESAM ÖFFNE DICH

100 g Feldsalat ~ ½ Bund Petersilie
einige Blätter Oregano oder Majoran
Saft von 4 Orangen oder 2 ganze Orangen ohne Schale
2 Bananen ~ 2 EL Sesammus ~ etwas Ingwer
400 ml Wasser

Bananen schälen. Alle Zutaten in den Mixer geben und fein pürieren.

TIPP: *Giersch hat vermutlich jeder im Garten, er verbreitet sich dort enorm. Als Wildkraut und nährstoffreiche Smoothie-Zutat zählt er neben Brennnessel und Löwenzahn zu den drei Königskräutern.*

GRÜNER SEGEN

2 Handvoll Giersch ~ 1 Apfel ~ 1 Banane
6 getrocknete Feigen ~ 2 EL Mandelpüree

Getrocknete Feigen 1–2 Stunden in Wasser einweichen lassen. Mit Einweichwasser und den anderen Zutaten in den Mixer geben und zu einem Smoothie mixen.

HASENGLÜCK

100 g Karottengrün ~ 18 Blätter Löwenzahn
1 großer Apfel ~ ½ Zitrone mit Schale
5 getrocknete Feigen ~ 3 EL Hanfsamen ~ 400 ml Wasser

Getrocknete Feigen 1–2 Stunden in Wasser einweichen lassen und mit dem Einweichwasser in den Mixer geben. Mit den anderen Zutaten ca. 50 Sekunden mixen.

TIPP: *Mein Vater hatte Kaninchen, und diese vertilgten besonders gern Karottengrün und Löwenzahn. Warum? Weil darin so viele Vitalstoffe stecken, und schmecken tut es auch. Probieren Sie selbst.*

GRÜNE EXOTIK

¼ Ananas ~ ½ Mango ~ 100 g Grünkohl
8–12 Mandeln ~ 500 ml Wasser

Mandeln ca. 2 Stunden in Wasser einweichen lassen, dann abgießen. Grünkohl klein schneiden und mit Mandeln und Wasser mixen. Ananas und Mango schälen, Fruchtfleisch in kleine Stücke schneiden und im Mixer mitpürieren.

WILDKRÄUTERSMOOTHIE

EIN REZEPT VON DR. MARKUS SCHMID – GESCHÄFTSFÜHRER VON PURA VITA

1 Handvoll Wildkräuter (Brennnessel, Löwenzahn, Spitzwegerich) oder 1 EL Green Energy Mix Bio (Graspulver-Mischung) ~ 2 Scheiben getrocknete Mango
2 EL Chiasamen ~ 2–4 getrocknete entkernte Datteln
1 EL Hanfsamen, Cashewkerne oder Mandelpüree
Schale ½ Zitrone ~ 1 großzügiges Stück Ingwer

Chiasamen, Datteln und Mango über Nacht einweichen lassen. Alle Zutaten inklusive des Einweichwassers in den Mixer geben und pürieren. Nach dem Mixen Maroni-Flocken oder Hanfsamen einrühren, damit der Smoothie noch etwas Biss hat.

HIMMEL AUF ERDEN

EIN REZEPT VON BURKHARD HICKISCH – BUCHAUTOR UND GRÜNER-SMOOTHIE-PIONIER IN DEUTSCHLAND

2 süße Äpfel ~ ½ Banane mit Schale ~
½ Banane ohne Schale ~ Saft von ½ Zitrone
4 eingeweichte, entkernte Datteln
¼ Avocado ~ ⅓ Gurke ~ 50 g Giersch
50 g Blätter von wildem Wein
50 g Haselnussblätter ~ 600 ml Wasser

Fruchtfleisch der Avocado herauslöffeln und mit restlichen Zutaten im Mixer pürieren.

GREEN-DETOX-MINT-SMOOTHIE

EIN REZEPT VON ANDREA NOSSEM – BUCHAUTORIN UND WILDKRÄUTEREXPERTIN

1 Handvoll Wildkräuter (z. B. Brennnessel, Spitzwegerich, Lindenblätter)
1 kleiner Apfel
1 dicke Scheibe Zitrone mit Schale
ein paar Blättchen Minze
Wasser nach Geschmack

Alle Zutaten in den Mixer geben und pürieren. Mit etwas mehr oder etwas weniger Wasser lässt sich die Konsistenz verändern.

TIPP: *Zitrone und Minze bringen dem sommerlichen Grünen Smoothie eine wunderbare Frische, bei dem selbst das Weglassen des Apfels kaum auffällt. Sollten Sie keine Wildkräuter zur Hand haben, nehmen Sie anderes Grün, Salat oder auch mal Spinat.*

GEMÜSE-SMOOTHIES

Diese Rezepte sind für Gemüsegenießer gedacht. Vor allem Liebhaber von Knollengemüse finden hier viele Gaumenkitzler. Das rohe Gemüse, das mit den anderen Zutaten gemixt wird, wird zu einem Geschmackserlebnis für jeden Vitalstofffreund.

ORANGE AND MORE

4 Karotten
2 EL eingeweichte Gojibeeren
1 TL Sesammus
1 daumengroßes Stück Ingwer
¼ Zitrone mit Schale
2 EL gutes Öl ohne starken Eigengeschmack
1 EL Agavendicksaft
300 ml Wasser
ggf. Eiswürfel
1 EL getrocknete Gojibeeren zum Verzieren

Gojibeeren ca. 1 Stunden in Wasser einweichen lassen. Karotten schälen und grob zerteilen. Gojibeeren mit Einweichwasser in den Mixer geben und mit den anderen Zutaten fein pürieren. In Gläser füllen und mit getrockneten Gojibeeren verzieren.

TIPP: *Verwenden Sie ruhig Karotten mit Pflanzengrün. Das Grün nehmen Sie später für einen Grünen Smoothie, z. B. »Hasenglück«*

ROT-ROT-ROT

1 Rote Bete ~ 1 roter Apfel ~ 1 Blutorange
1 EL Apfelessig ~ 1 TL Mandelmus
300 ml Wasser ~ 1 Msp. Salz
1 EL Apfeldicksaft

Rote Bete und Orange schälen und ebenso wie den Apfel in 6–8 Stücke schneiden. Mit den restlichen Zutaten im Mixer fein pürieren.

TIPP: *Zum Schälen der Roten Bete sind Küchenhandschuhe empfehlenswert. Auch Rote-Bete-Blätter lassen sich für einen Grünen Smoothie nutzen.*

AVORABI

1 Kohlrabi ~ 1 Avocado ~ 1 Stängel Dill
1 kleine Knoblauchzehe ~ 3 EL Zitronensaft
300 ml Mandeldrink ~ 2 EL Mandelmus
1 Msp. Salz ~ weißer Pfeffer nach Geschmack

Kohlrabi schälen und grob zerteilen, Knoblauch ebenfalls schälen. Avocado halbieren und das Fruchtfleisch herauslöffeln. Alle Zutaten in den Mixer füllen und fein cremig pürieren.

TIPP: *Kohlrabiblätter sind eine tolle Zutat für Grüne Smoothies. Auch den Kern der Avocado können Sie mitmixen. Er ist absolut gesund. Dadurch wird der Smoothie ein wenig bitterer und fester.*

TIPP: *Anstelle von Meerrettich kann auch Ingwer verwendet werden.*

HERBSTROT

100 g Rotkohl ~ 100 g Endiviensalat
1 Orange ~ 3 EL Hanfsamen
1 EL Apfeldicksaft ~ 1 TL geriebener Meerrettich
300 ml Wasser

Orange schälen und Rotkohl zerkleinern. Orange und Endiviensalat vierteln und im Mixer mit den anderen Zutaten fein pürieren.

SOMMERTRAUM

1 Fenchelknolle ~ 1 kleiner Zucchino
200 g rote Weintrauben ~ 1 Orange
1 EL Mandelmus ~ 300 ml Mandeldrink oder Wasser

Orange schälen. Fenchel klein schneiden und mit den anderen Zutaten im Mixer zu einem Smoothie pürieren.

TIPP: *Sollten sich beim Kleinschneiden des Fenchels Fäden zeigen, ziehen Sie diese nach oben hin ab. Anstelle von Trauben sind auch Ananas, Apfel oder Birne sehr empfehlenswert. Köstlich schmeckt der Smoothie auch, wenn Sie Walnüsse anstatt Mandelmus verwenden. Dann geben Sie aber Mandeldrink statt Wasser dazu.*

POWER-SMOOTHIES

Jeder dieser Smoothies enthält mindestens eine Zutat aus dem Bereich Super Food. Wenn Sie Super Foods regelmäßig zu sich nehmen, z.B. gemixt mit Obst und Gemüse, gelingt es Ihnen leicht, Ihre Leistungsfähigkeit, Ihre Gesundheit und Ihr Wohlbefinden zu steigern. Die aus aller Welt stammenden besonderen Lebensmittel stecken voller Mineralien, Vitamine, Enzyme und Antioxidantien.

MÄNNERTRAUM

2 Bananen ~ Saft von ½ Zitrone ~ 1 EL Macapulver
10–12 Kakaobohnen ~ 1 Handvoll Cashewkerne
2 EL Kokosöl oder -mus~ 400–600 ml Wasser
6–8 getrocknete entkernte Datteln

Cashewkerne und Datteln mindestens 2 Stunden einweichen lassen, dann abgießen. Bananen schälen und grob zerkleinern. Alle Zutaten in den Mixer geben und alles auf höchster Stufe 40 Sekunden mixen.

TIPP: *Dieser Smoothie kommt besonders bei Männern gut an – vielleicht wegen Maca. Aufgrund seines hohen Nährstoff- und Fettgehaltes ist er eine ideale Mahlzeit am Morgen auf nüchternen Magen. Dann können die Verdauungsorgane die Fettsäuren von Kokos, Kakao und Cashewkernen gut verarbeiten und die Zellen gut »schmieren«. Wenn Kokos im Smoothie enthalten ist, verändert sich der Geschmack nach etwa 4 Stunden. Der Smoothie schmeckt dann leicht ranzig, also am besten frisch genießen.*

KAKAO Für die Ureinwohner Amerikas war Kakao die »Nahrung der Götter«. Kakaobohnen galten bei den Mayas und Azteken als wahre Kostbarkeit und wurden als Zahlungsmittel eingesetzt. Mit seinen 1200 Inhaltsstoffen ist die Kakobohne einer der bedeutendsten Schätze unserer Zeit. Rohe Bohnen haben eine der höchsten Konzentrationen an Antioxidantien und sind eine der besten Magnesium-, Zink- und Chromquellen. Sie unterstützen das Herz und das Gehirn. Die schonend getrockneten Kakaobohnen bringen all dies hervor.

HERBSTSONATE

1 weiche Birne
250 g entsteinte Pflaumen
400 ml Mandeldrink
2 EL Mandelmus
1 EL Macapulver
Zimt, gemahlene Gewürznelken und Bourbonvanille nach Geschmack

Alle Zutaten in den Mixer und zu einem Smoothie pürieren.

MACA Maca ist eine Wurzelknolle und wird ob ihrer stärkenden Eigenschaften »Königin der Anden« genannt. Sie wächst auf 4000 m Höhe in den peruanischen Anden. Durch die Einnahme von Maca werden die körperliche Energie, das Durchhaltevermögen und die Libido gesteigert. Weil die Wurzel das Hormonsystem stimuliert und die gesunde Sexualfunktion unterstützt, wird sie auch »natürliches Viagra« genannt. Bei regelmäßiger Einnahme hat sie die Fähigkeit, das Herz-Kreislauf-System, das Nervensystem, das endokrine System und das Lymphsystem auszubalancieren.

ALOHA ALOE

4 Orangen ~ 1 EL Macapulver ~ 2 EL Reiskleie
3 EL Hanfsamen ~ 2 EL Kokosöl
40 g Aloeblatt ohne Schale oder 2 EL Aloe-vera-Gel
1 EL Agavendicksaft ~ 600 ml Wasser

Orangen schälen und mit restlichen Zutaten im Mixer pürieren.

TIPP: *Dieser Smoothies ist ein absoluter Sattmacher und sollte als Mahlzeit eingenommen werden. Nach dem Sport füllen Sie Ihr Vitalstoffdepot so wieder optimal auf.*

ALOE VERA Die Aloe Vera hat etwa 160 Wirkstoffe, von denen 75 nahrungsrelevant sind. Mit 20 Mineralstoffen, 18 Aminosäuren und 12 Vitaminen, darunter sogar B12 ist sie als besonders wertvoll einzustufen. Die »Pflanze der Unsterblichkeit« verfügt über einen hohen Enzymgehalt und eine Vielzahl an essenziellen Fettsäuren. Aloe-vera-Pflanzen wachsen überwiegend in heißen, trockenen Regionen, und man kann sie sowohl äußerlich als auch innerlich verwenden. Die im Blatt befindliche gallertartige Masse wird bei Sonnenbrand, verbrannter Haut, Schürfwunden und Insektenbissen auf die Haut aufgetragen und bringt schnell Linderung. Das Gel wirkt kühlend und entzündungshemmend und fördert die Wundheilung. Innerlich angewendet wirkt Aloe-vera-Gel abführend und immunstimulierend gegen Parasiten, Viren und Bakterien. Regelmäßig eingenommen kann es Arthritis vorbeugen und lindern.

SONST NOCH WAS?

200 g Hanfpresskuchen oder Hanfsamen ~ 600 ml Hanfdrink
6 getrocknete entkernte Datteln
2 Bananen
½ Zitrone mit Schale

Datteln 2–3 Stunden einweichen lassen, dann abgießen. Bananen schälen. Bananen und Zitrone grob zerteilen und alle Zutaten im Mixer zu einem Smoothie pürieren.

HANFSAMEN Hanf – eine alte Kulturpflanze – wurde wegen seiner heilenden Eigenschaften früher in vielen Kulturen verwendet. Heute wird er in der Küche hauptsächlich als geschälter Samen, Öl und Proteinpulver verwendet. Hanfsamen sind neben Algen eine der reichsten Quellen für pflanzliches Eiweiß. Auch die Fülle an Omega-3-, Omega-6- und Omega-9-Fettsäuren machen ihn unentbehrlich. Hanfsaat ist eine großartige Gehirnnahrung, hilft, das überschüssige Fett im Körper zu verbrennen, und stärkt das Immunsystem.

ROTER DRACHE

500 g Wassermelone ~ 200 g Erdbeeren ~ 5 g Irish Moss
3 Blätter Basilikum ~ 2 EL Mandelmus
1 EL Apfeldicksaft ~ 2 cm rote Chilischote

Irish Moss über Nacht in ca. 200 ml Wasser einweichen lassen. Danach ca. 1 Minute mit dem Einweichwasser mixen. Das Fruchtfleisch der Wassermelone von der Schale lösen und mit den anderen Zutaten im Mixer fein pürieren.

IRISH MOSS Angetriebener Knorpeltang, Irish Moss, wurde in Irland und Schottland schon seit Langem als Nahrungsmittel gesammelt. Heute wird es aber vorwiegend zur Gewinnung des Rohstoffs Carrageen kultiviert. Carrageen wirkt durch den hohen Gehalt an Polysacchariden wie ein Emulgator, was es zu einem beliebten Gelier- und Verdickungsmittel für Speisen aller Art macht. Von schmackhaften Dessertcremes, über Eis, Torten bis hin zu leckeren Soßen: Irish Moss ist die perfekte »Küchenhilfe« beim Binden von Speisen. Sehr wohltuend wirkt Irish Moss auch dank seiner feuchtigkeitsspendenden Wirkung auf der Haut, etwa bei Sonnenbrand.

SANFT UND SATT

400 ml Kokosmilch
½ Honigmelone
50 g Macadamianüsse
50 g getrocknete Gojibeeren
Süßungsmittel nach Geschmack

Macadamianüsse ca. 2 Stunden in Wasser einweichen lassen, dann abgießen. Getrocknete Gojibeeren ca. 1 Stunde einweichen lassen. Honigmelone schälen. Gojibeeren mit Einweichwasser und restliche Zutaten in den Mixer geben und fein pürieren.

GOJIBEEREN Gojibeeren werden von den Tibetern als »Glücksbeeren« verehrt. Sie beinhalten eine einzigartige Gruppe von bioaktiven Molekülen, die sonst in keiner anderen Pflanze der Welt vorkommen. Außerdem verfügen sie über viel Vitamin A, C, E, Mineralien, Antioxidantien und alle acht essenziellen Aminosäuren. In der chinesischen Heilkunde sind sie hoch angesehen, weil sie stimmungsaufhellend und lebensverlängernd wirken sowie Ausdauer, Kraft und Jugendlichkeit geben. Als kleiner Snack mit Nüssen sind Gojibeeren sehr wertvoll.

BLUE JOHN

250 g Blaubeeren — ½ Avocado
100 g geschrotetes Johannisbrot oder 50 g Pulver
8 getrocknete entkernte Datteln — 50 g Mandeln
600–800 ml Mandeldrink

Johannisbrot, Mandeln und Datteln 2–3 Stunden in Mandelmilch einweichen lassen und anschließend fein mixen. Fruchtfleisch der Avocado herauslöffeln. Alle restlichen Zutaten in den Mixer geben und nochmals mixen.

AVOCADO Die Avocado wird wegen ihres hohen Kalorien- und Fettgehalts oft gemieden. Dabei sorgen diese Fette dafür, dass das Insulinniveau im Körper niedrig gehalten wird und der Körper effektiv Fett verbrennt. Avocados verfügen über ein Übermaß an Vitaminen, vor allem B6, das den Blutzuckerspiegel in Balance hält, und stärken die Zellmembran. Der hohe Ballaststoffgehalt unterstützt die Verdauung.

CHIASAMEN Chia stammt ursprünglich aus Mexico. Die sehr alte Pflanze, deren Bedeutung schon den Mayas bekannt war, verfügt über einen hohen Gehalt an Omega-3- und Omega-6-Fettsäuren, Antioxidantien und Mineralien. Besonders bei Sportlern ist Chia heute wegen des hohen Eiweißgehalts und als Energiespender beliebt. Der angenehme Nebeneffekt bei der Einnahme ist, dass Chiasamen sehr sättigend wirken und so beim Sport und beim Abnehmen viele Freunde finden.

AFTER WORK

½ Mango — 2 EL Reiskleie
2 EL Mandelpüree
1 EL Chiasamen
1 EL Apfeldicksaft
500 ml Wasser

Chiasamen mit 7 EL Wasser mindestens 1 Stunde einweichen lassen. Mango schälen und Fruchtfleisch vom Kern schneiden. Anschließend alle Zutaten in den Mixer geben und pürieren.

ORIENTEXPRESS

1 Banane
1 EL Mandelpüree
2 getrocknete Feigen
2 TL Leinöl
je 1 Prise Zimt, Vanille und Chili
500 ml Wasser

Banane schälen. Feigen mindestens 2 Stunden einweichen lassen. Anschließend alle Zutaten in den Mixer geben und pürieren.

CHILISCHOTE Chilis werden von den Indios in Südamerika seit Langem als Heilpflanze verwendet. Chilischoten enthalten Vitamine A, B und C, Kalium und Kalzium. Was Chilis so wertvoll macht, ist das Alkaloid Capsaicin. Trotz der extremen Schärfe wird die Magenschleimhaut nicht gereizt, sondern vor aggressiven Stoffen geschützt. Capsaicin stimuliert die Speichelbildung, den Gallefluss und die Kalorienverbrennung. Es wirkt gegen Krämpfe, Blähungen und Magengeschwüre und wirkt stimulierend und schmerzlindernd auf die Nerven. Chili verbessert die Blutzirkulation, verhindert die Bildung von Thrombosen und kann Herzinfarkt, Schlaganfall, asthmatischen Anfällen, Demenz sowie Alzheimer vorbeugen.

KOKOSÖL Kokosöl ist ein außergewöhnlich wertvolles Öl für unseren Körper. Neben all seinen Vorteilen für die Gewichtsreduktion, einen gesunden Cholesterinspiegel, einen aktiven Stoffwechsel und ein starkes Immunsystem kann Kokosöl sogar die Symptome von Alzheimer lindern. Es besteht zu 50 % aus Laurinsäure, die direkt im Darm zu Monolaurin verarbeitet werden kann. Dieser Stoff sorgt für eine extra starke Abwehrkraft gegen Bakterien und Viren und unterstützt die Produktion des guten und gefäßschützenden HDL-Cholesterins. Kokosöl ist auch wunderbar in der Zahnpflege anwendbar.

KOKO(A)LOE

100 g Erdbeeren
100 g Ananas
¼ Zitrone mit Schale
2 EL Kokosöl
8 cm Aloe-vera-Blatt
2 El Kokosblütenzucker
250 ml Wasser

Aloe-vera-Blatt schälen und Gel aus dem Blatt in den Mixer geben. Ananas schälen. Alle Zutaten im Mixer pürieren, bis eine cremige Konsistenz entstanden ist.

SONNENAUFGANG

1 Banane – 4 EL Sonnenblumenkerne – 4 EL Buchweizen
4 EL Walnüsse – 4 getrocknete entkernte Datteln
1 TL Sesammus – 2 EL Hanfsamen oder Mandelmus
1 TL Kurkumapulver – 200 ml kalter Mandeldrink
1 Msp. Meersalz – Zimt und Galgant nach Geschmack

Buchweizen und Sonnenblumenkerne ankeimen lassen. Walnüsse und Datteln ca. 2 Stunden in Wasser einweichen lassen, dann abgießen. Banane schälen. Alle Zutaten – bis auf die Keime – in den Mixer geben und fein pürieren. Anschließend die Keimlinge und gegebenenfalls noch klein geschnittenes Obst unterheben.

TIPP: *Dieser Frühstückssmoothie gibt Ihnen eine gute Grundlage für einen erfüllten Tag. Gerade für Menschen, die gern etwas beißen und kauen, ist der Smoothie eine willkommene Abwechslung.*

KURKUMA Kurkuma, auch Gelbwurz oder gelber Ingwer genannt, wird schon seit 4000 Jahren in der Ayurvedischen Medizin eingesetzt und findet auch in der Alternativmedizin immer mehr Befürworter als Heilmittel gegen Arthrose, Krebs, Diabetes und Alzheimer. Als Gewürz beim Kochen ist es wegen seiner intensiven gelben Farbe und des erdigen Geschmacks. sehr beliebt. Die Bioverfügbarkeit wird in Verbindung mit schwarzem Pfeffer um das 2000-fache erhöht.

Danksagung

Aus ganzem Herzen möchte ich mich bei allen bedanken, die mich bei der Entstehung dieses Buches unterstützt haben. Beim Schirner Verlag, meinen Verlegern Heidi und Markus Schirner, meiner Lektorin Katja Hiller und ihrem Team.

Dankbar bin ich meinen Freunden. Gabriela Langen und Verena Freimuth haben mich mit ihren Gaben und in ihrer Arbeit als ganzheitliche Lebensprozessbegleiterinnen immer wieder ermutigt, meinen eingeschlagenen Weg wirklich vollkommen und ganzheitlich zu leben und damit auch andere Menschen zu inspirieren. Mit ihrem authentischen und empathischen Wesen haben sie mich darin bestärkt, dieses Buch zu schreiben und mein Wissen allen zur Verfügung zu stellen. Gabriela und Verena haben mich dabei unterstützt, meine Kreativität in geordnete Kanäle zu bringen und mich zu fokussieren. »Sich trauen« – etwas Neues wagen – basiert auf »Vertrauen haben«.

Auch ein großes Dankeschön an meine Freunde Ute Höstermann und Ralf Hellmuth, die bei der Namensgebung für einige Rezepte ihre Kreativität zum Ausdruck brachten. Ute, die mir eine Woche ihre Küche zur Verfügung stellte, für das Kreieren von Rezepten und Ralf für einige Fotos.

Andrea Nossem, Kirstin Knufmann, Burkhard Hickisch sowie Dr. Markus Schmid gilt mein besonderer Dank. Inspiration und Unterstützung habe ich von diesen wundervollen Menschen erfahren, und ihre Rezepte darf ich hier veröffentlichen.

Last but not least, ganz, ganz herzlichen Dank an die Firmen VitalEnergy für die Bereitstellung von Mixern und Wasseraufbereitungsgeräten, PuraVita Naturwaren, Dr. Goerg Virgin Coconuts Products, Govinda Natur, Soyana, PureRaw für die Bereitstellung ihrer speziellen Vitalkostprodukte und Superfoods.

Wir erhalten immer die Hilfe, wenn wir sie gerade brauchen. Immer! Danke!

Meine persönlichen Bezugsquellen:

Vital Energy www.vital-energy.de / PuraVita Naturwaren www.puravita-shop.de / Dr. Goerg Virgin Coconuts Products www.drgoerg.com / Govinda Natur www.govindanatur.de / Soyana www.soyana.ch / PureRaw www.pureraw.de. Hinzu kommen Bioläden, Reformhäuser und Bioobst- und Gemüsehändler aus Herrsching am Ammersee.

Über den Autor

Erwin Mischkin interessierte sich schon immer für die Themen »Ernährung«, »Bewegung« und »ganzheitliches Leben«. Nach 20-jähriger Tätigkeit als Bewegungstherapeut spürte er einen Drang nach Veränderung und machte sich als Vital-Energy-Coach selbstständig. Heute zeigt er den Menschen, wie sie ihren Weg zu Vitalität und Wohlgefühl finden können.
www.erwinmischkin.de

Bildnachweis

Bilder von www.shutterstock.com: Dekoelemente: Holz: #111706631 (©Reinhold Leitner), Hintergrund: #169368113 (©slava17), Mixer: #226760416 (©father) Alle weiteren Grafiken / Buttons: #109623152 (©bioraven), #137982281 (© Alexander Ryabintsev), #214924966, #214924978, #214948423, #226474882, # 226474894, #226477546 (©father), #193130810 (©gst), #203292493 (©Epsicons), #351035021 (©Oliver Hoffmann), #256646419 (©browndogstudios), #364417415 (©YegoeVdo22)

S.1 #375819829 (©holbox), #286997879 (©Ekaterina Kondratova), S.1,140 #254266333 (©Severga), S.5, 88, 89 #295636925 (©DronG), S.6, 79 #445800430 (©Africa Studio), S.7, 82 #112221902 (©Madlen), S.8 #223004314 (©Anna_Pustynnikova), S.9 #320820605 (©anat chant), S.11 #380369794 (©Teri Virbickis), S.12 #294507332 (©Yasonya), S.15 #173425313 (©Kichigin), S.16 #96116144 (©Nataliya Hora), S.19 #94604374 (©Dulce Rubia), S.20, 76 #31007941 (©RedTC), #282589742 (©spline_x), S.21 #345427562 (©Manfred Ruckszio), #428138515 (©spline_x), #409398325 (©spline_x), S.21, 114 #293243669 (©Scisetti Alfio), S.22 #353178113 (©Manfred Ruckszio), #428138542 (©spline_x), #276042638 (©Annaev), S.25 #294842477 (©Africa Studio), S.28 #412089799 (©pilipphoto), S.31 #394253335 (©Brent Hofacker), S.32 #250703377 (©JeniFoto), S.34 #324985325 (©its_al_dente), S.36 #379690552 (©Nik Merkulov), S.37 #466519553 (©Lucky_elephant), S.39 #291283580 (©Tiger Images), S.40 #279837014 (©In Green), S.42, 70 92 #453595600 (©NUTYORDSRI), S.43 #147377987 (©Scisetti Alfio), #179353175 (©Anna_Pustynnikova), S.44, 77 #210935395 (© Sergiy Kuzmin), #283862597 (©Katarzyna Sieradz), S.45 #353549363 (©GooDween123), S.46 #270356360 (©Tim UR), S.47 #56960053 (©Lynn Watson), S.48 #434529220 (©Dani Vincek), S.50 #134919407 (©Artem Samokhvalov), #379488586 (©Mr.Nakorn), S.51 #412402075 (©siagor), S.53 #139225664 (©margouillat photo), #245249179 (©Diana Taliun), S.54 #101453431 (©Christian Jung), #267254033 (©Ana Photo), S.55 #85661542 (©Elena Schweitzer), S.56 #102120628 (©Nattika), S.57 #334830524 (©dreamerve), S.58 #294737345 (©MRS.Siwaporn), #266382011 (©Swapan Photography), S.59 #92177608 (©marco mayer), S.60 #413683891 (©zi3000), #458061454 (©Max Lashcheuski), S.62 #457485628 (©Natasha Breen), S.65 #383027281 (©Natalia Klenova), S.66 #16715077 (©Gerrit_de_Vries), S.67 #174497441 (©Nattika), S.68 #295349207 (©Anna Kucherova), #338709311 (©Worraket), S.69 #235878553 (©Ataly), S.71 #141863824 (©Viktar Malyshchyts), #411425344 (©vm2002), S.72 #139227122 (©Valentyn Volkov), #373295767 (©Amallia Eka), S.73 #391598920 (©Deenida), #390695905 (©Losonsky), S.74 #305952947 (©Vorontsova Anastasiia), #163364810 (©valzan), S.78 #361425317 (©maxpro), S.79 #82039483 (©Lukas Gojda), #215017618 (©Chiociolla), S.83 #327543401 (©Nataliya Arzamasova), #235732576 (©Toni Genes), S.85 #174497441 (©Nattika), S.86 #261862478 (©yumehana), S.87 #475188895 (©Roman Tsubin), S.89 #281667635 (©Lev Kropotov), S.90 #193450451 (©Sea Wave), S.92 #155856029 (©Andrii Gorulko), S.93 #412593067 (©Vorontsova Anastasiia), #470513012 (©picturepartners), S.94 #335245553 (©Katarzyna Hurova), S.96 #452328736 (©ziashusha), S.97 #447013885 (©merc67), S.98 #166181048 (©Kuttelvaserova Stuchelova), S.99 #61308925 (©Subbotina Anna), S.100 #360247769 (©NIKITA LEVRINTS), S.101 #411924367 (©greatstockimages), #55034155 (©David Evison), S.102 #410699617 (©Creative Family), S.103 #139491509 (©Oliver Hoffmann), #210630361 (©Little_Desire), S.104 #169576172 (©NH), S.105 #320790389 (©Subbotina Anna), S.106 #413569120 (©Yuliia Kononenko),. S.108 #151124768 (©Anna Kucherova), S.109 #246843148 (©Nancy Kennedy), #401505259 (©Evgeny Karandaev), S.111 #369125939 (© Amallia Eka), S.111 #284515169 (©marekuliasz), S.112 #109662089 (©Nattika), S.113 #427253188 (©Mariyana M), S.114 #448961905 (©Traveller Martin), #390452974 (©Roman Tsubin), S.115 #132389759 (©Evgeny Karandaev), S.116 #83018353 (©Madlen), S.117 #215757805 (©Rita Kochmarjova), S.118 #241428754 (©Binh Thanh Bui), #278772041 (©sarsmis), S.119 #433921738 (©witty food), #419351362 (©Bildagentur Zoonar GmbH), S.120 #334568687 (©Elena Veselova), S.121 #277318127 (©Valentina Razumova), S.122 #336105608 (©etorres), S.124 #195191771 (©Dionisvera), S.125 #181251572 (©thefoodphotographer), S.126 #262755644 (©fotoearl), #251308609 (©NIPAPORN PANYACHAROEN), S.127 #155276099 (©Dani Vincek), S.128 #272431586 (©Alena Haurylik), S.130 #135036863 (©Valentyn Volkov), S.131 #233832835 (©Tolikoff Photography), S.131 #143882020 (©Anna Kucherova), S.132 #128407064 (©anitasstudio), S.133 #477032644 (©baibaz), #162897950 (©Madlen), S.135 #234270427 (©Soyka), S.136 #462467314 (©Bozhena Melnyk), S.137 #249265996 (©Maks Narodenko), #403853857 (©Anna Shepulova), S.138 #149167352 (©Maks Narodenko), S.139 #318801725 (©mrmohock), S.141 #183302216 (©Evgeny Atamanenko), #361846394 (©Jiang Zhongyan)

Alle anderen Rezeptbilder: Erwin Mischkin